책 잘 읽는 방법

폼나게
재미나게
티나게 읽기

김봉진 지음

북스톤

폼나게 재미나게 티나게 읽기
책 잘 읽는 방법

2018년 3월 6일 초판 1쇄 발행
2024년 6월 14일 초판 14쇄 발행

지은이 김봉진

펴낸이 김은경
펴낸곳 ㈜북스톤
주소 서울특별시 성동구 성수이로7길 30, 2층
대표전화 02-6463-7000
팩스 02-6499-1706
이메일 info@book-stone.co.kr
출판등록 2015년 1월 2일 제 2018-000078호
© 김봉진(저작권자와 맺은 특약에 따라 검인을 생략합니다)
ISBN 979-11-87289-30-2 (03320)

이 책의 국립중앙도서관 출판예정도서목록(CIP)은 서지정보유통지원시스템 홈페이지(http://seoji.nl.go.kr)와 국가자료공동목록시스템(http://www.nl.go.kr/kolisnet)에서 이용하실 수 있습니다.(CIP제어번호: CIP2018004652)

책값은 뒤표지에 있습니다. 잘못된 책은 구입처에서 바꿔드립니다.

북스톤은 세상에 오래 남는 책을 만들고자 합니다. 이에 동참을 원하는 독자 여러분의 아이디어와 원고를 기다리고 있습니다. 책으로 엮기를 원하는 기획이나 원고가 있으신 분은 연락처와 함께 이메일info@book-stone.co.kr로 보내주세요. 돌에 새기듯, 오래 남는 지혜를 전하는 데 힘쓰겠습니다.

해가 지날수록
더욱 좋아지고 존경하게 되는
보미 씨에게

머리말

책을 읽으면 잘 살 수 있느냐고요?

제가 소셜미디어에 책에 대한 글을 올리곤 하니 사람들이 저를
엄청난 다독가라고 생각하시곤 해요. 하지만 저는 어릴 적부터
책을 끼고 살았던 타고난 독서가는 아닙니다. 오히려 뭐랄까,
책 읽고, 읽은 내용을 써먹고, 은근히 자랑하기도 하는
'과시적 독서가'라고나 할까요.
안 읽던 사람이 갑자기 책을 읽으니 사람들이 궁금해합니다.
왜 그렇게 열심히 읽느냐고요.
그 질문을 받고 생각해봤어요. 사람들은 왜 책을 읽을까?
훌륭한 사람이 되려고?
성공하려고?
돈을 많이 벌려고?
삶의 위안을 얻으려고?

안 읽으면 안 될 것 같은 막연한 불안감 때문에?
운동선수가 매일매일 훈련한다고 해서 모두 세계적인 선수가 될 수
있을까요? 아닙니다. 책읽기도 마찬가지예요. 책을 많이 읽는다는
것만으로 성공한 삶을 보장받을 수는 없어요.
그럼 뭐 하러 힘들게 읽느냐고요?

책을 읽으면 잘 살 수 있느냐는 질문에
저는 이렇게 답해드리고 싶어요.
정해진 운명보다 조금 더 나은 삶을 살 수 있다고요.
우리의 삶은 수많은 크고 작은 결정들에 의해 만들어지는데요.
이때 '생각의 근육'을 키워두면 조금 더 좋은 결정을 할 수 있겠죠.
이런 것들이 쌓이면 정해진 운명보다 조금 더 나은 삶을
살지 않을까요. 그리고 혹시 모르죠, 운명조차 바꿔버릴지도요.

제가 본격적으로 책을 읽기 시작한 것이 10년쯤 되었어요. 물론 학교 다닐 때 교과서도 읽고 지정도서도 몇 권 읽었지만, 그저 독서가 중요하다는 이야기만 들었을 뿐 어떻게 책을 읽으면 좋을지에 대해서는 고민해본 적이 없어요. 그러다 성인이 되어 책을 읽기 시작하면서 나름의 책 읽는 방법을 익혀갔죠. 그러면서 독서를 많이 한 사람들은 비슷한 노하우를 가지고 있다는 것을 알게 되었어요. 시중에도 독서방법에 관한 책이 아주 많아요. 저도 이런 책들을 읽으면서 공부했어요. 하지만 처음 책을 보려는 사람에게는 여전히 어렵게 써진 것이 아닐까 하는 생각에 아주 쉽고 재미있게 책 읽는 방법에 대해 이야기 나누고 싶었어요. 이미 책을 많이 읽는 분들은 '이 방법은 나만 쓰는 게 아니구나', '아, 이런 방법도 있구나' 하고 자극도 받고 아이디어도 얻어서 함께 책읽기의 즐거움을 나눴으면 해요.

책을 쓰면서 어떤 사람들이 읽으면 좋을지 생각해봤어요.
가장 먼저 떠오르는 사람은 제 딸들이에요. 사랑하는 딸들과
미래의 남편 될 사람들이 꼭 읽었으면 좋겠어요.
재산은 누군가 빼앗아갈 수 있지만, 그 사람의 지혜는
빼앗아갈 수 없다는 말이《탈무드》에도 나오는데,
지혜를 얻는다는 관점에서 책 읽는 법을 알려주고 싶어요.
두 번째로는 이 책을 집은 여러분이겠죠.
이 책을 펼쳤다는 것은 이미 무엇이든 책을 읽으려는
욕구가 있다는 뜻이잖아요. 돈을 많이 벌고자 하든,
잘 살고 싶은 것이든, 남에게 무시당하고 싶지 않든.
그분들께 책을 읽지 않았던 10년 전의 제가
이런 책이 있었더라면 훨씬 더 좋지 않았을까 하는 관점에서,
독서를 쉽고 편하게 시작할 수 있도록
책읽기의 입구가 되는 책을 쓰고 싶었어요.

1장에서는 책에 대한 두려움을 없애고 가벼운 마음으로
책을 대하는 방법, 2장에서는 꾸준히 책을 읽고 어려운 책으로
넓혀가는 훈련법, 3장에서는 책읽기를 내 것으로 만들고,
주변 사람들과 가족과 회사 구성원들에게 책을 권하고
함께 읽기 위한 응용 방법들을 담았어요.
책읽기 여정에서 길을 잃을 경우 부록의 책 소개도 활용해보세요.
책 읽는 데 능숙한 분들에게는 시시해 보일지 몰라도, 책읽기
여정에서 헤매지 않도록 도움을 줄 거라 생각하는 것들이에요.
책을 읽을수록 느끼는 것인데요, 독서도 운동처럼 체계적인 방법과
꾸준함이 필요해요. 이 책이 한 번 읽고 마는 게 아니라 중간중간
계속 들춰보게 된다면 정말 좋겠어요. 여러분의 독서를 계속
동기부여하는 책이 된다면 더 바랄 게 없겠습니다.

김봉진

차례

2장 책 잘 읽는 법
: 책읽기 훈련, 운동처럼 꾸준하게

3장 책 잘 써먹는 법
: 책읽기 응용, 책을 내 것으로 만들기, 함께 읽기

프롤로그

내가 책을 읽게 된 세 번의 계기

책을 읽는 이유는 저마다 다양하겠죠. 책을 읽기 위해 집어든
사람들에게는 뭐가 됐든 동기가 있어요.
저는 무엇이었냐고요?

예전에 한 번 열심히 읽은 적이 있는데, 군대 시절이었어요.
기수 운이 나빠서 병장 1호봉 때까지 내무반 막내였거든요.
서로 나이도 비슷한데 한두 기수 차이 나는 고참들이 저에게
이래라 저래라 많이 했죠.
내무반에 멍하니 앉아 있을라 치면 뭐가 됐든 자꾸 시키거든요.
그런데 두꺼운 책을 읽고 있으면 아무도 안 건드렸어요.
두꺼운 책의 아우라 때문이었나 봐요. 아무래도 고참이 말 시켜서
즐거운 군인은 드물 테니, 책 읽는 게 더 좋아졌죠.

그때 두꺼운 책을 엄청 읽었어요. 앨빈 토플러의 《미래 쇼크》,
《제3의 물결》, 《권력이동》, 폴 케네디의 《강대국의 흥망》 같은 책을
그때 다 읽었어요.

무라카미 하루키 책도 많이 읽었어요. 20대 초반이었으니까
포스트모더니즘 감성이 너무 좋았거든요. 《노르웨이의 숲(상실의
시대)》부터 《태엽 감는 새》까지는 군대 때 미친 듯이 읽었어요.
그러다 하루키 작품에 소개된 《위대한 개츠비》라는 책도 읽었는데,
막상 재미는 없었던 기억이 나요.

여하튼 책을 읽게 된 첫 번째 계기는 군대였죠. 그러니까 저도
대단한 동기를 갖고 책을 읽기 시작한 건 아니에요.

그 후 사회에 돌아와서는 다시 책을 안 읽었어요.
저는 미대생이어서인지 텍스트 자체를 아주 좋아하는 편은
아니었거든요. 주로 그림책이나 사진이 많은

포트폴리오 관련 책만 봤죠.

그러다 사업을 했는데 실패했어요. 제가 삼십대 중반쯤이었는데,

그때 아내와 둘이 앉아서 고민했어요. 우리가 뭘 잘못했을까.

크게 잘못한 것도 없고, 디자인도 잘한다는 평가를 받고 살았는데,

성공까지 바라지도 않았지만 잘되지 못한 것이 너무 아쉬웠어요.

내가 무엇을 잘못했는지, 나의 잘못된 습관이 무엇인지 알고

싶었어요. 실패한 이유가 나에게 있을 테니, 잘된 사람들의 습관을

따라 해보자는 생각이 들었죠.

그래서 잘된 사람들을 보니, 일단 꾸준함이 있었고요.

그리고 다들 책을 많이 읽는다는 공통점이 있더라고요.

책을 읽어서 다 잘된 건 아니겠지만 잘된 사람들은 일단 책

이야기를 많이 했어요. 그래서 결심했죠. '그럼 나도 책을 읽어보자.'

2008년쯤의 일이니 10년쯤 전의 일이네요.

처음에는 디자인 관련 서적을 많이 읽었어요. 전공분야이고

재미있으니까요. 또 디자이너로 10년차 정도 되어갈 때여서
저 스스로 조금씩 한계를 느끼기 시작한 참이었거든요.
신입 디자이너들이 입사했는데, 이 친구들 얘기하는 걸
저는 못 알아듣겠더라고요. 졸업 후 수많은 이론이 나오고
변화가 있었는데, 저는 그동안 포토샵만 했던 거죠.
회사 실무에서 갈고닦은 포토샵 장인이 돼서
아이들을 키울 수 있을까, 이런 생각이 들어서 신입들에게 물었어요.
"너희 그런 거 어디서 배웠니?" 그랬더니 학교에서 배웠다고도 하고
어느 책에 나와 있다고도 하더라고요. 그때부터 디자인 관련서를
읽기 시작했어요. 그러면서 배운 것도 많고
책 읽는 재미도 붙였던 것 같아요.
그럼 책을 좀 더 읽어볼까, 이런 생각을 하게 된 거죠.
그래서 디자인과 연결되는 마케팅과 심리학 서적으로 자연스럽게
넘어가게 됐죠. 그러고 나니 책을 좀 더 읽고 싶다는 생각이

들더라고요. 책 읽는 법을 배워야겠다고 생각하고
서점에 가서 관련 책을 잔뜩 사서 (그래봐야 서너 권이었겠지만)
책 읽는 법을 공부하기 시작했어요.
그때도 회사에 다니고는 있었지만 사업 실패로 경제적으로
어려웠거든요. 책에 돈을 많이 쓸 수 있는 형편은 아니었어요.
그런데도 책을 많이 산 데에는 사연이 있어요.
당시 제가 다니던 회사에 자녀를 영어 유치원에 보내는 동료들이
몇 명 있었어요. 당시에도 한 달에 백만 원이 훌쩍 넘는
금액이었지만, 어쨌든 옆에서 보내니 우리 아이도 영어 유치원에
보내야 하나 싶었죠.
그런데 아내가 조금만 더 고민해보자는 거예요. 그러더니 며칠 후에
생각이 정리되었다면서 이야기해주더라고요. 김미경 원장의
《꿈이 있는 아내는 늙지 않는다》라는 책 내용이었는데,
아이에게 아무리 투자해도 아이가 어리면 그 투자를 알 수 없대요.

그냥 돈만 많이 드는 거죠. 차라리 그 돈을 남편에게 투자하라는
거였어요. 아이가 커서 하고 싶은 것이 생길 때
무엇이든 지원해줄 수 있는 남편을 만드는 데 투자하라는 거죠.
그래서 아내는 아이가 아닌 저에게 투자하기로 결정하고, 매달
20만~30만 원이 넘는 책값도 지원해주고 대학원도 가라고
지지해줬어요. 덕분에 책값 걱정을 해본 적은 없었고,
가정 생활비보다 우선해서 책을 읽었어요.
영광스럽게도 훗날 《꿈이 있는 아내는 늙지 않는다》의 개정판에
우리 부부 이야기도 담기게 되었죠.

제가 책을 읽게 된 세 번째 계기는
우아한형제들(배달의민족)을 창업하고서예요.
제게는 스타트업 창업자로서 약점이 있는데, 제가 경쟁해야 하는
창업자들이 거의 대부분 명문대를 나왔다는 거예요.

저는 공고-전문대-디자인과 졸업이라는, 스타트업에서는
불리한 이력을 가지고 있었죠. 크리에이티브나 새로운 것을
만드는 훈련은 어렸을 때부터 꾸준히 받아와서 자신 있었던 반면,
저에게 부족한 건 지적인 이미지였던 거죠.
제 가장 큰 단점을 보완하기 위해
읽은 책을 의도적으로 페이스북에 올리기 시작했어요.
《배민다움》에 나오잖아요. 페르소나,
내가 정한 모습(가면)을 꾸준히 보여주는 거죠.
처음엔 어색하지만 꾸준히 하다 보니 진짜 내 모습이
될 수도 있다는 이야기요.
저도 처음에는 읽은 책을 페이스북에 공개한다는 게
너무 어색했어요. 어릴 적 친구들이 보면 생뚱맞을 것 같고.
안 하던 짓을 하니 이상할 것 아니에요.
그런데 1년, 2년, 3년을 꾸준히 올리니까 사람들이

'김봉진이라는 사람은 책을 많이 읽는구나'라고
생각하기 시작했어요. 언젠가부터
'다독가 김봉진'이라는 수식어가 인터뷰에서 붙었고요.
그러면서 지적 이미지를 커버하게 됐지만,
단순히 이미지만 커버된 게 아니라
책을 통해 실제로 많이 배우고 있습니다.
가짜 포장을 몇 년 동안이나 할 수는 없잖아요. 저도 다독가
이미지를 10년 가까이 쌓다 보니 진짜 그런 사람이 되는 것 같아요.
있어 보이고 싶어서 시작했는데
있는 사람이 되어가는 거죠.
리추얼(ritual)이라는 개념이 있잖아요.
생각보다 행동이 먼저고, 행동하다 보면 생각이 따라오고,
실제로 그렇게 된다는 거죠. 큰 바위 얼굴처럼요.

제가 책을 읽게 된 이유는 처음에는 지극히 현실적이었죠.

고참이 나한테 말을 안 걸었으면 좋겠다,

사업에 실패한 후 책을 통해 성공한 사람들의

좋은 습관을 배우고 싶다,

실제 경영을 하면서 지적 이미지를 보완하고

경영자 페르소나를 만들고 싶다.

어떤가요? 그럴듯한가요? 좀 시시하기도 하죠.

이제 여러분이 책을 읽고 싶은 이유를 들려주시겠어요?

책 잘 아는 법

1장

책읽기의 기본,
두려움 없애기

싸움에서 지지 않는 방법은
상대방보다 내가 작다는 생각을 결코 하지 않는 거예요.
《바람이 되고 싶었던 아이》라는 책에 나오는 말이죠.

책을 잘 읽으려면 책에 대한 두려움부터 없애야 합니다.
1장에서는 가벼운 마음으로 책을 대할 수 있도록 책에 대한
잘못된 통념을 깨보려 합니다. 책을 읽는 의미 같은 심오한
대화부터 책은 왜 두꺼운지 같은 시시콜콜한 이야기까지
함께 나눠보아요.

어이없는 책의 효과 세 가지

책의 효능에 대해 생각해봤나요? 간접 경험할 수 있다,
삶의 지혜를 얻을 수 있다 등 좋은 이야기가 많은데,
저는 생활 속의 소소한 효능을 말하고 싶어요.

첫째, 책을 읽으면 있어 보여요.
책을 들고 다니거나 사람들을 만나서 자주 책 이야기를 하면
있어 보여요. 농담 같지만 이게 사실 인간에게는
굉장히 중요한 부분이에요. 남들보다 우월하다고 느끼거나
박수 받고 싶은 것은 인간의 본성이거든요. 책을 읽는다는 건
지성인으로 활동하고 있음을 방증하는 것이고요.
책은 읽지 않고 갖고만 다녀도 있어 보입니다.

둘째, 잠이 잘 와요. 불면증 해소에 도움이 돼요.

존 롤스의 《정의론》 같은 책이 너무 재미있어서 몇 시간을 읽어도 졸리지 않은 사람이 몇 명이나 될까요? 물론 매우 좋은 책이지만요. 자기 전에 스마트폰을 보면 잠을 더 못 자죠. 자다 깼을 때도 스마트폰을 보면 이메일 확인부터 시작해 유튜브나 인스타그램, 페이스북을 보다가 더더욱 잠을 못 이루곤 합니다. 이럴 때 미뤄뒀던 두꺼운 책을 보세요. 10분도 안 돼서 잠이 스르르 옵니다. 두껍고 어려운 책은 불면증을 해결해주는 포근한 베개입니다.

셋째, 책은 인테리어 효과가 있어요.

가구점에 전시된 가구를 보면 책장과 책상, 테이블에 가짜 책 한두 권이 반드시 놓여 있어요. 공간이 더 풍성해 보이기 때문이죠. 친구 집에 갔는데 책이 한 권도 없을 때 어떤 생각이 드나요?

반대로 책이 책장에 빼꼭히 꽂혀 있고, 여기저기에 책이 있다면
어떤 느낌이 드나요?

책을 사서 읽지도 않고 갖고 다니지도 않고 집에 쌓아두기만 하면
쓸모없는 것 같지만, 친구나 손님이 집에 와서 봤을 때
있어 보이고 인테리어 효과가 있어요.

읽지 않았던 책들도 책장에 꽂아두거나 쌓아두는 것만으로도
공간이 훨씬 풍성해 보이죠. 책은 인테리어를 마무리하는 소품으로
아주 제격입니다.

책의 효과 세 가지 :
책은 있어 보인다.
책은 수면제다.
책은 인테리어 효과가 있다.

읽지 않은 책에 죄책감 갖지 않기

집이나 사무실 곳곳에 읽지 않은 책이 쌓여 있죠.
볼 때마다 괜히 찔려요. 왠지 모를 미안한 마음이 들고
내가 게으른 건 아닐까, 의지가 약한 건 아닐까 하고
죄책감 같은 게 생기려고 하죠. 모처럼 책을 읽어야겠다는 생각을
할라치면 아직 끝내지 못한 책이 눈에 밟히고요. 새 책을 살 때는
더더욱 읽지 못한 책들에 미안해지지 않나요?
양다리 걸치는 느낌적 느낌….
하지만 이런 생각들이 더 많은 책을 읽지 못하게 방해합니다.

책에 대한 잘못된 상식 하나는 읽던 책을 다 읽어야 다른 책을
읽을 수 있다는 거예요. 이것 때문에 다음 책으로 못 넘어가요.
그런데 생각해보세요. 책은 기본적으로 절반 이상 지나면

좀 지루한 게 사실이잖아요. 한 번쯤은 포기하고 싶은 위기가 와요.
모든 책을 다 읽어야 하는 것도 아니고요. 그런데
한 권을 끝내기 전에는 다른 책을 못 읽는다고 생각하니까
이 책도 못 읽고 저 책도 못 읽고,
거기서 책읽기 자체를 관두게 되는 거죠.
많은 분들이 다 읽지 않고 다른 책으로 넘어가면 낭비한 것처럼
느끼는데요. 카페에서 아메리카노 시켜서 두세 모금 마시고 나올 때
죄책감까지 느끼지는 않잖아요. 그저 좀 아깝다 하는 정도인데,
유독 읽지 않은 책에 대해서는 그런 걸 느끼죠.
이 저자의 생각이 깊고, 풀어가는 방식이 지루하지 않고,
내가 가지고 있는 생각을 다른 관점에서 바라보게 해준다거나
몰랐던 사실을 알게 해주는 등 여러 조건들이 충족되어야
완독할 수 있어요. 책을 끝내지 못한 데에는 여러 가지 이유가
있겠지만, 그냥 책에 미안한 생각을 버리고 쿨하게 여기세요.

내가 게을러서가 아니라 재미없어서 끝까지 못 읽은 거라고요.
나와 지금은 맞지 않는 책이지만 언젠가
다시 만날지도 모른다고 생각하고 다른 책으로 넘어가면 돼요.
저도 이런 식으로 읽다가 그만두기도 합니다. 머리말과 목차를 먼저
읽고 중간중간 건너뛰기도 하고, 그러고는 다른 흥미로운 책으로
넘어가죠. 저더러 다독가라 하지만, 저도 10~20권을 사면
완독하는 책은 한두 권 정도예요.
책을 살 때에도 이 책을 반드시 다 읽어야겠다고
확신하는 경우는 별로 없고요.
그래도 읽는 이유는, 조금이라도 읽어야 아는 게 생기니까요.
그러다 보면 이상하게 언제가 됐든 완독하고 싶은 책이 생겨요.
이런 책은 언젠가 시간을 내서 읽으면 돼요. 저도 지금 나중을
기약하고 미뤄둔 책들이 많아요.《아리스토텔레스의 수사학》과
《로마인 이야기》11~13권,《대망》등이 그런 책이에요.

김영하 작가는 "읽을 책을 사는 것이 아니라, 산 책 중에서 읽는
것이다"라고 말했어요. 제 생각도 같아요. 읽지 않은 책은
나와 인연이 닿지 않은 거라고 생각하면 편해져요. 마치 만나는
모든 사람들에 대해 잘 알아야 하고 친해져야 한다는 강박관념을
갖지 않고 서로 인연이 닿지 않으면 자연스레 흘려보내는 것처럼요.
전반적으로 제가 말하고 싶은 건 책에 대한 강박관념을
버리자는 거예요. 편하게 생각하자는 거죠.

읽지 않은 책에
괜한 죄책감을
갖지 마세요.

소중히 다루지 않기

어릴 적에 책에 대해 잘못 배운 상식이 또 있어요.
엄청나게 잘못 배운 건데요.
책을 소중히 다루라는 거예요.
책을 소중하게 다루면 책을 깨끗하게 읽어야만 할 것 같은
강박관념이 생겨요. 책은 소중히 다루지 않아도 돼요.
접고 싶은 부분은 접고 밑줄을 막 그어도 돼요.
책은 고이 모셔놔야 하는 비싼 물건이 아니에요.
물론 옛날에는 책 한 권이 집 한 채 값인 적도 있었다고 해요.
《군주론》을 쓴 마키아벨리의 아버지는 아들에게《로마사》를
읽히기 위해 열두 달 정도 책을 필사했다고 해요. 당시
글을 쓸 수 있는 사람은 소수 지식인이었고, 필사를 할 수 있는
사람들의 노동력이 몇 달 동안 쌓인 것이니 당연히 책이 비쌌겠죠.

성경도 인쇄혁명 전에는 수도사들이 매일 초를 켜놓고 필사한
작업물이니 당연히 소중하게 다루는 게 옳았겠죠.
하지만 지금은 아니잖아요. 영화 한 편, 심지어 커피 두세 잔 값이면
책을 살 수 있고, 그러니 과감하게 책을 다뤄도 돼요.
(다만 빌린 책은 소중히 다루세요. 빌려준 사람과
사이가 멀어질 수 있어요…)
접고 밑줄 친 내용들하고는 언젠가 다시 대화를 나눌 수 있어요.
읽었던 책을 몇 년 지나서 다시 펼쳤을 때 처음 보는 듯한
멋진 문구에 밑줄이 쳐져 있는 경험을 해보면 '아, 그때 내가
이런 것에 대해 고민하고 감동받았구나. 이렇게 밑줄까지 치고도
다 잊어버렸구나' 하는 생각이 들 거예요. 하지만 그 밑줄을
시작으로 다시 여행을 떠날 수 있답니다.
책에 흔적을 많이 남겨두세요. 그럼 그 책이 더 소중해질 거예요.

모서리 접기와 밑줄 치기 같은
흔적을
책에 많이 남겨두세요.
그럼 그 책이 더
소중해질 거예요.

순서대로 읽지 않기

많은 사람들이 책을 읽을 때 첫 페이지부터 마지막 장까지
순서대로 읽어야 한다고 생각해요. 그러지 않나요?
이미 짐작하셨겠지만, 저는 책을 순서대로 한 글자 한 글자
다 읽어야 한다고는 생각하지 않아요. 글 자체보다는
저자의 생각을 읽는 것이 더 중요하기 때문이죠.
게다가 의외로 많은 책들이 순서대로 읽지 않아도 되게끔
구성돼 있어요.《언어의 온도》,《멈추면 비로소 보이는 것들》같은
책은 순서대로 읽지 않아도 돼요. 책장을 넘기다 걸리는 대목에
멈춰 읽어도 충분하죠. 실용서도 대부분 필요한 항목만 찾아서
읽어도 되고요. 저자들이 아예 머리말에 '순서대로 읽지 않아도
된다'고 써둔 책들도 제법 있잖아요.

심지어 저자조차 책을 쓸 때 첫 장부터 마지막 장까지 순서대로
쓰지 않아요. 대개 머리말과 맺음말을 가장 나중에 쓰고, 본문도
차례대로 쓰지 않는 저자들이 많아요.
그러니 독자들도 반드시 첫 장부터 읽어야 한다는 강박관념을 가질
필요는 없어요. 재미없거나 당장 도움 되지 않는 내용은
과감히 건너뛰고 그다음부터 읽으면 됩니다.
그러다 나중에 내키면 건너뛴 부분을 다시 읽으면 되죠.

물론 소설처럼 스토리가 있는 문학작품은 제외하고요.

책을 순서대로
읽지 않아도 돼요.
훑어보다
땡기는 곳부터
자연스레 읽어나가세요.

글자를 읽지 말고, 생각을 읽자

책을 읽는다는 것은 저자가 쓴 글을 읽는 것이 아니라
저자의 생각을 읽는 것이에요.
책을 쓰려면 어느 정도 분량이 나와야 해요. 저자가 어떤 이야기를
책으로 펴내고 싶다면 출판사의 편집자와 상의하게 되죠.
이때 편집자가 중요하게 생각하는 부분 중 하나가 전달하려 하는
내용이 책으로 나올 만큼 분량이 되느냐예요.
10페이지는 책이 될 수 없지만, 1000페이지는 책이 될 수 있겠죠.
몇 권으로 나누긴 하겠지만요.
적절한 분량이란 것이 참 애매하지만 다른 분야로 생각해보세요.
음악 CD가 나오려면 7~8곡 이상이 담겨야 하고,
한 편의 영화가 나오려면 못 해도 100분 정도는 되어야 해요.
누가 딱 정한 것은 아니겠지만 이런 것도 시장의 보이지 않는

손에 의해 자연스레 정해지지 않았을까 생각돼요.

그래서 책도 200페이지 이상은 되어야 해요.

그런데 저자가 200페이지 내내 'A는 B다'라는 주장만 할 수는 없잖아요. 그런 책을 누가 읽겠어요. 그래서 저자는 자기주장의 논리적 근거나 예시 등을 찾아서 책에 넣어요.

저자가 책을 쓸 때 가장 힘들어하는 부분이죠. 책 분량 맞추기….

책의 절반 혹은 그 이상이 사실 이러한 내용이에요. 사례와 근거가 책 읽는 재미를 돋울 수도 있지만, 저자와 독자가 시대적으로나 지리적으로 또는 문화적으로 떨어져 있다면 굉장히 지루하고 이해되지 않을 수도 있죠.

예를 들어 저는 《좋은 기업을 넘어 위대한 기업으로》를 매우 감명 깊게 읽었는데요. 그런데도 지루한 대목이 있었거든요. 이 책은 위대한 기업들이 어떻게 훌륭한 수준을 넘어 위대해졌는지를 설명하면서 수십 년 전의 미국 기업들을

사례로 들고 있어요. 이때 등장하는 기업 이름, CEO 이름,
당시 있었던 사건 등은 제게 낯설고 지루했어요.
이럴 때에도 저자가 쓴 '글자'를 열심히 읽어야 할까요? 아니에요.
이때는 한 줄 한 줄 집중하면서 읽는 것보다 빠르게 속독하면서
이런 사례를 들어 무엇을 주장하려 하는지 읽어내는 것이
더 중요해요. 그 내용은 대개 각 문단의 처음 또는 끝에 있죠.

다시 강조하지만, 책을 읽는다는 것은 저자가 쓴
'글자'를 읽는 것이 아니라 저자의 '생각'을 읽어가는 것이에요.
저자가 하고 싶은 이야기를 글로 적어 출판한 것이 책이잖아요.
연설이나 노래나 강연 등 수많은 표현수단 중에서
그 저자는 책을 선택한 것이죠. 즉 책은 수단이고,
그것도 많은 수단 중 하나라는 뜻이에요.
그런데도 우리는 책을 읽는 동안 텍스트(활자)에 집중하는 바람에

이것만 신성시하게 돼요.
더욱이 저자의 생각은 책 안에만 담겨 있지도 않아요.
보조적으로 저자의 강연 동영상, 다른 사람들의 서평이라든가
블로그, 소셜미디어, 기사, 또는
다른 저자의 책 안에 담겨 있기도 해요.

책을 읽는다는 것은
저자의 글을 읽는 것이 아니라
생각을 읽는 것이다.

책읽기는 누구나 힘들다

책을 읽으며 밤을 새웠다는 분들, 책 읽는 즐거움을 느끼는 분들의
이야기를 듣다 보면 나는 언제쯤 저럴 수 있을까
하는 생각이 듭니다.
저도 책 읽는 양이 적은 편은 아닌데 그래도 여전히 힘들거든요.
책 읽기 전에 책상을 정리한다거나 의자를 바로잡는다거나
음악을 틀어놓는다거나 커피를 준비하는 행위를 한 다음에야
독서에 들어가기도 하죠. 그만큼 처음에는 어색합니다.
하지만 생각해보면, 책이란 원래 어려운 것 아닌가요?
저자 입장에서 자신이 알고 있는 지식과 지혜를 펼친 게
책이잖아요. 저자는 독자보다 뭐라도 뛰어나니까, 나은 생각이
있으니까 책을 썼겠죠. 우리에게는 새롭고 낯선 이야기이니
어려운 건 당연하죠. 이 사실을 받아들여야 해요.

게다가 책은 말이 아니라 글이잖아요. 간단한 말도 글로 쓰면 괜히
꼬이고 더 어려워지는 경우를 여러분도 겪어봤을 거예요.
거기다 대부분의 저자들은 독자 수준을 그리 고려하지 않아요.
쉬운 내용을 어렵게 쓴 문구도 적지 않고, 여기에 번역이 가세해
안 그래도 어려운 생각을 더 어렵게 만들 때도 있죠.
그러니 어려운 책을 읽고 자책할 필요는 없다고 봐요.
그러다가도 여러 권을 읽다 보면 더러는 미친 듯이 빠져드는
책이 있지 않나요? 저는 10~20권에 한 권씩은 그런 책이 있어요.
이런 책을 만나면 나도 모르게 주위에 책 이야기를 하고 다니죠.
이런 기쁨을 느끼기 위해 책을 읽나 싶기도 해요.

하지만 여기에는 중요한 전제가 있어요. 지루한 책을 10~20권
읽지 않았다면 좋을 책을 찾을 수도 없었다는 거죠.
재미있는 책, 내게 맞는 책을 찾으려면

자신의 노력이 들어갈 수밖에 없어요.
좋은 책을 엄선한 리스트를 보고 그 책들만 읽는다고 해도
다 감명 깊게 읽히지는 않아요.
아무리 좋은 책이라 해도 나의 고민과 생각의 방향,
그 책을 이해하기 위한 지적 바탕이 어느 정도 있어야만
나와 맞는 책이 되기 때문이죠.

운동선수들도 매일 운동하는 게
쉽지는 않아요.
하루하루 훈련이 힘들고 지겨울
때도 있겠죠.
하지만 자기 기량을 100%
발휘해 경기를 치르고 좋은
성적을 거두었을 때의 환희란
이루 말할 수 없을 것이란
생각도 듭니다.

좋은 책을 찾아가는 대부분의
독서시간은 지루하고 힘들어요.
어쩌면 당연한 거예요.
그럼에도 꾸준히 읽기 바랍니다.

아무리 읽어도 어차피 다 못 읽는다

제가 소셜미디어에 책 이야기를 종종 올리니까
사람들이 저를 엄청난 다독가라 생각하고,
더러는 책을 추천해달라고 부탁하기도 해요.
하지만 책에 대한 이야기를 하다 보면
마음에 걸리는 부분이 있어요.
누구나 자신의 분야에 치중해서 읽잖아요.
인문서를 많이 읽으신 분들,
문학을 많이 읽는 분들,
역사서를 읽는 분들…
그래서 저도 책에 대해 말할 때는 사실 조심스러워요.
저도 어느 한쪽으로 분명히 쏠려 있을 테니까요.

그러나 이 말을 거꾸로 해석하면,
사람마다 치중하는 분야가 있는 만큼
읽지 않은 분야도 있다는 뜻이 돼요. 세상 모든 분야의 책을
섭렵한 사람은 없고 어차피 누구나 편향된 독서를 할 테니,
그냥 내가 관심 있는 분야에 대해
편하게 이야기해도 되겠다 싶은 거죠.

책이라는 게
저자 한 명의 순수한 생각으로만 이루어진 게 아니고
기본적으로는 다 연결돼 있어요.
비유하자면 생각이 연결되는 커다란 놀이동산 같은 거죠.
이곳에서는 정해진 길로만 가야 하는 게 아니라
가고 싶은 길로 가면 돼요.
하나의 동선만 제시하는 게 아니라

가고 싶은 곳으로 가서
타고 싶은 놀이기구를 타보고…
이렇게 하다 보면 책읽기가 놀이동산처럼 재미있어져요.
책읽기의 즐거움을 찾을 수 있는 길은 많거든요.
놀이동산에 들어가서 자기가 가보고 싶은 곳으로 다니면서
이것저것 다 찾아볼 수 있잖아요.
놀이동산은 하루에 놀이기구를 다 못 타게끔 설계돼 있어요.
그래야 아쉬움이 남아서 또 가거든요.
하루에 다 탈 수 있게 하면
환상이 깨져서 다음에 안 올 테니까요.
책읽기도 마찬가지예요. 아무리 많이 읽어도
세상의 책은 다 못 읽어요.
저도 10년 가까이 이 책 저 책 읽었는데, 어제도 어떤 분에게
책을 추천받았어요. 제목도 처음 듣는 책을요.

그럴 때마다 전혀 몰랐던 것을 배워요.
처음 들어본 책이 늘 생기죠.
이게 책 읽는 재미 아닐까요?
언제 가도 안 타본 것이 늘 있는 놀이동산이라니, 멋지지 않나요?

감명깊게 읽어도
다 기억하지 못하고
아무리 많이 읽어도
어차피 다 못 읽어요.

책

잘 읽는

법

2장

책읽기 훈련,
운동처럼 꾸준하게

제가 본격적으로 책을 읽기 시작하던 때, 제 주변에는 책을 많이 읽는 사람이 별로 없었습니다. 다들 일하느라 너무 바빴고, 당시에는 지금처럼 책 많이 읽는 디자이너들이 많지 않았거든요. 그래서 저 스스로 책 읽는 방법을 터득하는 수밖에 없었습니다.

지금 생각해보면 불행이기도 하고 다행이기도 해요.

책을 많이 읽으려면 우선 많이 사고, 가까이 두고, 매일 조금씩이라도 읽는 것이 중요합니다. 조금 더 계획적으로 읽ᄀ 훈련하면 더 도움이 되겠죠. 하루, 일주일, 한 달, 6개월 단위로 어떤 훈련을 해야 하는지 2장에서는 제가 터득한 방법들에 관해

생각의 근육을 키워주는 트레이너 구하기

책을 읽는다는 행위는 대부분의 사람들에게 자연스럽지 않은
행동이에요. 그래서 어색하고 하기 싫죠.
운동도 가끔 친구들과 하면 즐겁지만 매일매일 정해진 시간에
헬스장에 가서 트레이닝을 한다면 얼마나 귀찮고 힘들까요.
하지만 헬스장에 등록하고 10일 이상 꾸준히 가면
그다음부터는 자연스럽게 몸이 기억하고,
안 가면 오히려 괜히 찌뿌둥한 느낌이 들죠.
책읽기도 처음부터 너무 큰 다짐을 하지 말고,
하루 30분 정도 꾸준히 10일만 한다는 생각으로 시작해보세요.
좋은 운동이 몸의 근육을 만들듯이,
좋은 독서는 생각의 근육을 만들어내요.

이 책을 펼친 분들은 어떤 식으로든 책 읽고 싶은 마음이 있는
거잖아요. 사실 누구에게나 책을 읽고 싶어 하는 마음이 있어요.
새해가 되면 '아, 올해는 책 좀 읽어야지' 하고 다짐하잖아요.
직장인도, 전업주부도, 대통령도, 학생도,
현재 어떤 일을 하든 상관없이 지적 활동을 하고 싶은 열망은
누구에게나 있어요.
모든 사람이 운동해서 건강한 몸을 만들고 싶어 하는 것처럼
책을 읽어서 생각의 근육을 키우고자 하는 마음이 다 있죠.

그런데 대부분의 사람들은 책읽기를 따로 훈련하지 않아요.
누구나 학교 다닐 때 교과서를 보고 공부했기 때문에
그냥 하던 대로 하죠.
하지만 읽는 방법을 알고 책을 읽으면 더 좋아요.
운동이라는 목표를 세웠을 때 헬스장에 가서 그냥 운동하는

사람하고 트레이너에게서 체계적으로 배우거나 유튜브 등을 통해 방법을 먼저 공부하고 하는 사람하고는 좀 다르잖아요.

사전에 조금이라도 미리 배운 사람은 확실히 다르죠.

독서에도 트레이너가 필요해요. 트레이너가 되는 책들도 있고요. 그중에서 저는 《독서의 기술》(모티머 J. 애들러, 범우사)이라는 책을 추천하고 싶어요. 독서를 단계별로 분석해놓은 책이고, 책읽기를 잘 정리해둔 책이에요. 그리고 지금 읽고 계신 이 책도 계속 읽어보시면 좋겠고요!

몸의 근육을 키우는 운동에
체계적인 훈련이 필요하듯
생각의 근육을 키우는 독서도
체계적인 훈련이 필요합니다.

일단 많이 사야, 많이 본다

음식을 많이 먹으려면 우선 많이 주문해야겠죠.
사거나 빌리지 않으면 책은 읽을 수가 없어요.
책을 많이 읽으려면 가장 먼저 많이 사야 해요.
음식이 앞에 잔뜩 차려져 있으면
나도 모르게 많이 먹게 되잖아요. 책도 마찬가지예요.
한 달에 책을 몇 권 정도 사시나요? 한두 권? 서너 권?
4권도 요즘 기준으로는 많이 사는 편이죠. 하지만 이 정도만 사면
남들과 똑같은 책만 사게 돼요.
서점에 가서 한두 권을 골라야 할 때에는 다양한 책들보다는
베스트셀러 또는 평대에 있는 추천도서를 고를 수밖에 없거든요.
그래야 실패 확률이 적다고 생각하니까요.
이래서는 결코 독서량을 늘릴 수 없고, 다양한 독서를 할 수 없어요.

책을 읽겠다고 작정했다면 생활비의 얼마는 책값으로 책정하고,
가능한 많이 사세요.
읽지 못한 책들은 인테리어 효과로도 충분하니까.
물론 금액이 부담될 수도 있어요. 저도 그렇거든요.
저희 회사에서 책값을 무제한 지원하는 이유도, 옛날에 아내가
책값을 마음대로 쓰게 해준 기억이 있어서예요. 책을 많이 읽으려면
일단 많이 사는 게 가장 중요하니, 많이 사도록 독려하는 거죠.
책을 많이 구매할 형편이 안 된다면 도서관에서 자주 빌리세요.
많이 사든 많이 빌리든
일단은 책이 많아야 많이 읽을 수 있습니다.
또 하나 다양하게 음식을 많이 먹어봐야 어떤 음식이
좋은 음식인지 아는 것처럼, 많이 사고 다양한 책을
많이 읽어야만 어떤 책이 좋은 책인지 알 수 있어요.

음식을 많이 먹으려면
많이 시켜야 하듯이,
책을 많이 읽으려면 먼저
많이 사야 한다.

가방에 책 한 권

많이 샀다면 이제 책을 가까이 두세요.
가방에 책 한 권은 꼭 가지고 다니세요.
저는 가방 안에 책을 꼭 넣어 다니고, 어떤 때는 같은 책을 여러 권
사서 집에도 두고 회사에도 두고, 차에도 두고 그래요.
습관을 들이세요. 반드시 책 한 권은 가방에 넣어 다니기.
그러다 친구가 약속시간보다 늦게 온다고 하거나 우연히
비는 시간이 생기면 스마트폰보다는 책을 먼저 펼쳐보세요.
지하철에서도 기차에서도 비행기에서도 10분 이상
비는 시간이 생기면 책을 볼 수 있도록 늘 가지고 다니세요.
참고로 저는 책을 두 권 넣어 다녀요. 한 권만 가지고 다니다
재미가 없으면 낭패거든요. 그래서 보조용으로
한 권을 더 가지고 다녀요. 스마트폰 보조 배터리처럼요.

세 권을 늘 가지고 다니기엔 조금 무겁고, 두 권이 적절한 것 같아요.

가방에 책을 넣어 다니면 다른 효과도 있어요.
아침마다 가방을 챙길 때 가방에 있는 책을 보면서
'아, 맞다. 이런 책을 읽고 있었지' 하면서 상기가 되거든요.

책을 가까이 하려면
가방에 책을 한두 권은
가지고 다니세요.

책장보다는 책상

냉장고에 있는 음식보다는 식탁에 놓여 있는 과일이나 과자 같은
간식거리에 더 손이 가듯이, 읽고 있는 책들은 보이는 곳에
막 널부러져 있는 게 좋아요. 책장에 꽂힌 책보다
책상 위에 있는 책들이 더 잘 보이거든요.
보관할 책이 아니라면 꺼내놓으세요.
똑같은 이유로, 읽고 있는 책 말고
읽고 싶은 책도 보이는 곳에 두면 좋아요.
읽어야겠다고 생각은 하는데 자꾸 미뤄지는 책들이 있잖아요.
그런 책은 책상이나 식탁, 소파나 침대 위에 올려놓고
틈틈이 몇 페이지라도 들춰보면 좋아요.

서점에서 책 사기

요즘 전자책으로 읽는 분들도 많던데, 저는 종이책으로 책읽기를
훈련해서인지 아직은 종이책이 더 편해요. 페이지를 휘리릭
넘기면서 우연히 걸리는 문장을 발견하는 재미도 좋아하고요.
또 책은 공간을 채워주는 요소잖아요. 흔히 남자에게는 자기만의
동굴이 필요하다고들 하던데, 인간은 누구나 자기만의 방, 서재,
게임방, 부엌을 갖고 싶어 하는 것 같아요.
공간은 일종의 자기정체성 확인이니까요.
물론 서재가 꼭 있어야 하는 건 아니지만
책이 쌓여 있는 걸 보는 시각적 요소가 꽤 크다고 생각돼요.
기분에 따라 다른 방식으로 꽂을 수도 있고요.
물론 종이책은 불편하죠. 하지만 인간은 일부러 자연스럽지 않은
행동을 할 때, 더 기억에 많이 남아요. 불편한 게 더 좋아요.

같은 이유로 저는 책은 가급적 인터넷서점보다는
오프라인 서점에서, 그리고 정가로 사야 한다고 생각해요.
회사 구성원들의 도서구매비도 오프라인 서점에서 살 때에만
지원해주고 있고요.
산책하듯이 둘러보며 우연히 만나는 책들이 참 좋지 않나요?
앉아서 몇 페이지 넘겨보기도 하고 마음에 들면 사기도 하고.
가끔은 주제 없이, 머릿속에 아무 생각 없이 가기도 해요.
그러다 과거에 읽은 책들이 디자인이 바뀌어서 다시 출간되면
오랜 친구를 다시 만난 듯이 반갑기도 하고요.
책을 정가로 사야 한다고 말하는 이유는 간단해요.
출판시장이 어렵다는 이야기를 여러 번 들었는데,
매번 할인받고 사면 어떻게 되겠냐는 생각 때문이에요.
제대로 된 책을 출판계에서 만들 수 있는 여건이 필요하잖아요.
저자에게 보상이 있어야 좋은 책이 계속 나온다고 생각해요.

좋은 책 잘 찾는 법

그래도 아무 책이나 막 살 수는 없지 않느냐고요?
책 잘 고르는 방법을 알고 싶다면, 제가 애용하는 방법을
몇 가지 소개할게요.

가장 편한 방법은 누군가의 추천을 활용하는 거죠.
전통적인 방법은 신문 주말섹션의 책 소개란을 보는 거예요.
일주일에 5~6권씩 소개하는 책 리뷰기사를 보면서
어떤 책을 읽을지, 어떤 책을 왜 소개하는지,
어떤 책이 왜 인기 있는지를 보는 거죠.
네이버의 '지식인의 서재'도 좋고요. 서울대가 선정한, 하버드가
선정한 도서목록 같은 것들도 좋습니다.

또 한 가지 방법은 책을 소개하는 책을 읽는 거예요.
책을 신나게 읽다 보면 연이어 계속 읽고 싶은 기분이 들잖아요.
'그런데 뭘 읽지?' 하고 맥이 끊길 때가 있거든요. 그럴 때
《청춘의 독서》처럼 책을 소개하는 책을 사서 그냥 쭉 훑어봐요.
그러다 눈에 들어오는 대목이 있으면 소개된 책을 사는 거예요.

마지막으로 가장 중요한 방법은
읽던 책에서 다음 책을 찾는 거예요.
기본적으로 한 권의 책에는 수십 권의 책, 수십 명의 사상이
들어 있어요. 인용문구든 저자 이름이든, 책 제목이든
사상에 대한 요약이든 소개돼 있어요. 책 한 권을 의미 있게
읽었으면 그걸 통해 4~5권 이상의 읽을 책 목록이 나와요.
그럼 꼬리에 꼬리를 무는 독서를 할 수 있어요.

또 하나, 가끔 책 제목이 아니라 주제어를 가지고
서점에 가곤 하는데요. 서점 도서검색대에 가서
제가 알고 싶은 주제의 키워드를 검색해요.
행복이면 행복, 이메일이면 이메일,
그러면 관련된 책들이 모여 있는 서가의 위치가 나와요.
5권 정도 차례와 머리말 등을 대략 살펴보고
그중 두세 권을 골라서 사는 거죠.

어떤 책이든
책 속에는
4~5권 이상의
다른 책들이 숨어 있어요.

몸이 '땡기는' 음식이 있듯 고민이 '땡기는' 글이 있다

저는 평소에 음식과 책을 많이 비교해요.

가령 삼겹살을 먹고 싶을 때가 있어요. 어른들은 이럴 때

'몸이 당기는 것'이라면서 몸이 원하니 먹어야 한다고 말하죠.

서점에서 우연히 마주친 책 제목에 끌리거나

책장을 후루룩 넘기다 보면 걸리는 문장이 있잖아요.

저는 이럴 때 몸이 음식을 원하는 것처럼,

책이 자연스레 말을 걸어온다는 생각이 들어요.

내가 고민하는 지점인 거죠. 고민 없는 사람은 없잖아요.

행복, 성공, 창업, 경영, 자기계발, 돈, 불안, 우울, 자녀교육, 죽음,

노후, 사랑 등, 여러 고민이 있죠. 자기가 가진 고민만큼

책이 보이는 거예요. 그렇지 않으면 눈에 잘 안 들어오거든요.

사회생활 10년차 때 읽었던 이나모리 가즈오 회장의
《왜 일하는가》가 저에게는 이런 책이었어요.
일에 대해 어느 정도 숙련된 상태였고, 생활을 위해 하루하루
일하는 것 같은 허무한 느낌이 들었을 때
우연히 서점에서 이 책이 제게 말을 걸었어요.
'자네는 왜 일하고 있는가?'
사실 그때까지 이나모리 가즈오 회장이 누구인지,
교세라라는 회사가 어떤 회사인지도 잘 몰랐거든요. 그런데
'일이란 나 자신을 수련하는 가장 강력한 도구다'라는 구절을 보고
머리를 한 대 맞은 것 같았어요. 이후 꾸준함을 익히기 위해
여러 훈련을 했어요. 제 삶을 바꾸는 계기가 되었죠.

이처럼 책이 말을 거는 순간이 있어요. 책과 나의 고민이
맞닿을 때예요. 이때 눈길이 멈춘 책장을

자연스럽게 읽어내리면 됩니다.

한 번은 돈에 대해 공부한 적이 있어요. 돈이란 정말 뭘까.
사업을 하다 보니 그런 궁금증이 들더라고요. 그때
《부자의 그릇》이란 책이 제게 말을 걸었죠. '왜 살아야 하지?'
'지금 경쟁에서 어떻게 해야 하지?' 하는 고민이 있으면
그런 책이 눈에 띄겠죠.

때로는 큰 이야기를 하는 철학책이, 때로는 디테일한 자기계발서가
눈에 들어올 거예요. 소송할 때는 《소송에서 이기는 법》 같은 책이
눈에 들어오거든요.

책이 답을 주는 건 아니지만, 적어도 나와 고민을 함께할 수는
있어요. 굳이 다 읽을 필요도 없고, 부분을 읽고 나서
다 읽을지 결정해도 늦지 않아요. 나보다 먼저 고민한 사람들의
이야기를 통해 잠시 내 생각을 정리해볼 수 있으니
그것만으로도 큰 도움이 될 거예요.

책이 자연스레 말을 걸어올 때
그 순간 잠시 대화를
나눠보세요.

베스트셀러와 스테디셀러 확인하기

베스트셀러와 스테디셀러를 지속적으로 확인하는 것도 중요해요.
제가 서점에 가보라는 이유 중 하나이기도 한데요.
베스트셀러 가운데 한 달 넘게 순위에 있는 책들은
읽어볼 필요가 있어요.
이건 어디까지나 제 기준인데,
3위 안에 그렇게 오래 머물러 있으면 읽는 거죠.
2~3주까지는 마케팅으로 베스트셀러에 머무를 수 있겠지만,
한 달 넘게 베스트셀러에 있는 책들은 시대정신이 담긴 것이거든요.
예를 들면《82년생 김지영》같은 책이죠. 왜 많은 사람들이 지금
《82년생 김지영》을 읽고 있는지 알아야 하지 않겠어요?
이 이유를 아는 것이 베스트셀러를 읽는 것 자체보다 더 중요해요.

같은 이유로 스테디셀러에도 주목하면 좋겠어요.
서가로 밀려나지 않고 평대에 오랫동안 누워 있는 책은
읽을 필요가 있죠. 가령《설득의 심리학》,
《모든 비즈니스는 브랜딩이다》,《넛지》같은 책들이요.

베스트셀러와
스테디셀러에는
그 시대의
시대정신이 담겨 있어요.

책 친구 만들기

책을 안 읽다가 갑자기 읽는 습관을 들이려면 어렵잖아요.
그럴 때는 오프라인 독서모임이나 온라인 카페모임을 활용하는
것도 좋아요. 사람을 만나기 부끄럽다면 소셜미디어에서
책 많이 읽는 사람들을 팔로우하면서 그들이
무슨 책을 읽는지 봐도 도움이 되겠죠.
그들에게 좋은 책을 추천받는 것도 유용하지만,
사실 더 중요한 이유가 있어요.
책에 대해 누군가와 이야기할 수 있다는 거죠.
어떤 책을 읽는지, 그 이유는 뭔지, 어떤 책이 왜 인기 있는지
이야기하는 즐거움은 남달라요.
전문가의 책 추천을 받거나 베스트셀러 분석 기사를 읽는 것과
비슷한 맥락에서, 가까운 사람들 가운데 책에 대해 대화할

'책 친구'를 만드는 것을 추천해요.

가장 좋은 책 친구는 배우자, 가족이에요. 배우자와 함께 책을 사러 서점에 가거나 카페나 집에서 책을 읽고 이야기 나누는 시간을 가져보세요. 굳이 평론가처럼 깊이 있게 토론하지 않아도 돼요. 재미있는 영화 한 편 보고 나서 주인공이 잘생겼다, 영화 속 풍경이 멋있었다, 하는 것처럼 소소한 이야기도 좋아요.

책 표지가 예쁘다든가, 솔직히 무슨 말인지 모르겠는데 서평을 검색해보니 이런 숨은 뜻이 있었다든가 하는 식으로 소소하게 이야기를 나눠보세요.

운동을 같이할 친구를 만들듯이, 책 친구를 만들어두면 오랫동안 즐겁게 책읽기를 할 수 있어요.

같이 운동할 친구처럼
같이 책 읽을 친구도
만들어보세요.

목차와 머리말 놓치지 않기

책을 읽을 때 저자의 생각을 빠르게 파악하는 방법이 있어요.
독자가 아닌 저자의 입장에서 책을 만든다고 역순으로
생각해보세요. 예를 들어 '서양 사람과 동양 사람은
사고하는 방식이 서로 다르다'는 주제라면
첫 번째로 어떤 내용을 담을지에 대해 머리말 또는 서론에 적고,
그다음에 동양 사람과 서양 사람이 각각 어떻게 생각하며
역사적 근거는 무엇인지, 차이점은 무엇인지 등을 서술하기 위해
생각의 지도를 만들고 하나씩 목차로 잡아가겠죠.
서론과 목차까지 잡는다면 책 쓰기의 절반 이상은 한 셈이에요.
대학에서 논문을 쓸 때에도 그러잖아요. 먼저 교수님과 몇 달
동안 상의하고 주제를 정하면 초록(머리말)을 정리해보자고 하죠.
사실 이 부분에 논문에서 말하고자 하는 내용이 다 담겨 있어요.

그다음에 목차까지 짜면 교수님과 친구들이 뭐라고 하죠?
반은 썼다고 하잖아요. 머리말과 목차에 저자의 생각 대부분이
담겨 있으니까요. 그다음에는 각 목차의 소주제들에 맞춰
사례와 근거를 찾아 내용을 담아내면 되죠.

이처럼 저자의 생각은 대부분 머리말과 결론에 담겨 있고,
생각을 풀어내는 논리적 구조는 목차에 들어 있어요.
그러니 책을 읽을 때 머리말과 목차를 놓치지 말아야 해요.
저자의 생각이 무엇인지 알려면 무조건 읽어야 해요.
머리말과 목차를 읽으면서 저자의 생각을 미리 가늠해보세요.
또 각 목차별 핵심 포인트는 다시 해당 섹션의
처음과 마지막에 담겨 있다는 점도 참조하시고요.
책을 쓸 때 머리말과 목차를 작성하면 절반은 쓴 것처럼,
머리말과 목차를 잘 읽으면 절반은 읽은 거나 마찬가지예요.

**머리말과 목차를 읽으면
절반은 읽은 것이다.**

속독, 명사와 동사만 뽑아 읽기

저는 책 읽는 진도가 안 나간다 싶거나 가볍게 훑어볼 때에는
발췌해서 읽기도 해요. 속독법 책을 사서 훈련한 거예요.
시중에 속독에 관한 책이 많으니 두어 권 사서 익혀두시면 좋아요.
책의 성격에 따라 정독, 속독을 적절히 활용하면
책 읽는 데 많은 도움이 돼요.
제가 하는 방법은 양쪽 페이지가 모두 보이도록 간격을 조정한 다음
두세 줄씩 대각선으로 읽으면서 명사와 동사만 끄집어내는 거예요.
형용사나 부사 등은 건너뛰면서 키워드만 찾아요. 두세 줄씩
읽으면서 뜻을 유추해가는 거죠.
속독에서 가장 많이 쓰이는 발췌독인데, 이렇게 읽다 보면
탁 걸리는 구절이 있어요. 바로 제가 고민하던 주제,
또는 그 책의 핵심내용이 담긴 부분이죠.

속독을 하면 빨리 읽을 수 있다는 장점 외에도 책의 핵심내용을
찾는 연습이 되는 것 같아요. 책은 저자의 핵심적인 주장과 그를
뒷받침하는 근거와 예시로 이루어져 있잖아요.
저자는 풍성하게 이야기해야 한다고 생각하다 보니
아무래도 형용사나 부가적인 내용도 많이 들어가겠죠.
가령 마지막 부분에 결론을 다시 정리하거나 챕터마다 해당 내용을
정리해둔 책들도 있고요. 머리말, 목차, 챕터별로 구성되었을 때의
내용을 감안해서 읽으면 발췌독으로도 어느 정도 의미 파악은
가능한 것 같아요.

책읽기의 본질은 저자의 생각을 읽는 것이라는 점을 기억하면,
정독법과 속독법을 병행해서 좀 더 유연하게
책을 대할 수 있으리라 생각해요.

속독법을 익히시고
정독과 속독을 적절히
활용하세요.

한 번에 3~5권씩 읽기

저는 한 번에 3~5권 정도의 책을 함께 읽어요. 이동진 님은 10권을
동시에 읽는다고 하는데, 저는 5권을 읽으면서 그중 한 권은
그 주에 마무리하는 패턴이에요. 물론 책 분량에 따라서는
몇 주에 한 권을 마무리하기도 합니다.

이 책 읽다 저 책 읽다 하면 어수선해 보이나요?

하지만 나름의 이유가 있어요.

일단 책을 여러 권 동시에 읽으면 책 읽는 지루함이 조금은
해소돼요. 밤에 침대에 누워서 10분 정도 읽다 보면 졸려요. 그러면
다른 책으로 바꿔가며 읽으면 돼요.

말도 안 되는 얘기 같지만, 한 권의 책에 모든 답이 담겨 있지는
않잖아요. 한 사람의 독창적인 생각으로만 써진 책은 없어요.
전 인류의 여러 사상의 영향을 받아서 저자가 책을 쓰는 것이죠.

이 말은 곧 모든 책은 연결되어 있다는 뜻이에요.
그래서 같이 보는 게 도움이 돼요.
이 책을 읽다 보면 저 책의 어느 대목과 자연스럽게 이어져서
융합이 돼요. 문학 책을 읽으면서 철학 책을 읽을 수 있고, 디자인
책을 읽으면서 경영서를 읽을 수 있죠. 시를 읽을 수도 있고요.
오히려 여러 책을 같이 읽어야 뇌에서 증폭이 되고,
나만의 새로운 생각이 탄생할 가능성도 커지겠죠.
논문 쓰려고 책을 읽는 거라면 학문으로서의 독서를 해야겠지만,
일상에서 삶의 지혜를 얻고 생각의 근육을 키우는 게 목적이라면
여러 권을 함께 읽는 게 더 좋다고 생각해요.

정리하자면 여러 권을 동시에 읽으면 좋은 이유는
책 읽는 지루함을 피할 수 있고,
책 안에 담긴 생각들을 증폭시킬 수 있어서예요.

일주일에 한 권 읽기

원래 책을 읽는 건 힘들어요. 헬스장에서 꾸준히 운동해야 근육이
생기는 것처럼, 책도 계속 읽어야 하거든요.
1장에서 책에 대한 마음가짐을 많이 이야기했어요. 다 읽지 않아도
되고 함부로 다루어도 된다고 했는데, 반드시 지켜야 할 것도
있어요. 책 읽는 것이 습관으로 자리 잡기까지는
강제적으로 읽어야 한다는 거예요.
일주일에 한 권은 반드시 읽어야 해요. 3개월 정도 훈련해보세요.
매주 한 권씩 매듭 지어가는 훈련을 하면
책 읽는 습관이 몸에 배요.
이건 저도 훈련했던 거예요. 두꺼운 책이어도 좋고,
얇은 책이어도 좋고, 심지어 단편소설이어도 좋아요.
한 권을 읽는 게 중요한 거죠.

《지구가 100명의 마을이라면》,《논어의 말》,《대한민국 헌법》 같은
책은 한두 시간이면 다 읽거든요.
어떤 책이든 의식적으로 무조건 끝내는 걸 몇 달 동안 확실히
훈련하면 책을 계속 읽게 돼요.

책읽기 훈련 초반에는 일요일 밤에 무조건 한 권을 마친다는
원칙을 세우고 지키면 성취감이 생겨요. 너무 두꺼운 책만 읽으면
쉽게 지치니 두껍지 않은, 얇은 책들부터 시작해보세요.
찾아보면 은근히 많아요.

어렵고 두꺼운 책 도전하기

3개월 가까이 일주일에 한 권 읽기로 책읽기가 습관이 되었다면
다음으로는 6개월에 한 번 정도는 눈에 보이는,
물리적인 독서량을 늘리기 위한 연습을 해요.
정기적으로 두꺼운 책을 읽는 거예요.
일반 책의 두 배 정도 되는 두께의 책들이죠.
매번 가벼운 책들만 읽으면 그 상태에 멈춰버려 발전하기 어려워요.
물론 가볍게 힐링할 수 있는 책,
내 삶을 위로할 수 있는 책들도 좋지만
10년 내내 그런 책만 읽을 수는 없잖아요.
근육을 만들 때 같은 무게의 덤벨을 꾸준히 드는 것도 중요하지만,
중간에 한 번씩 무게를 올리거나 버티는 시간을 늘려서
레벨을 올려야 할 때가 있잖아요.

책읽기에도 그런 순간이 있어야 해요.

일상적으로 책 읽는 습관이 잡혔다면 가끔 한 번씩

어렵고 두꺼운 책을 읽는 거죠.

6개월쯤에 한 번씩 두꺼운 책을 읽으면 그다음 책을 읽는 게

굉장히 수월해져요. 밥 양이나 운동량을 한 단계씩 늘려두면

안 줄어드는 것처럼 독서력이 달라지죠.

10kg짜리 덤벨을 들다가 한 번 20kg짜리를 들면 그다음부터

10kg짜리는 가볍게 느껴지잖아요.

두꺼운 책읽기를 한 번 해낸 것과 안 한 것은

엄청난 차이가 있어요.

성취감도 남달라요. 어렵고 모호하지만 끝까지 읽으면 뿌듯한

책들이 있어요. 제게도 그런 책이 있어요.

헤겔의 저서들은 솔직히 너무 어려워서 읽다 포기했는데,

소크라테스의 《국가》라든지 마르크스의 《자본론 1》은
읽고 나서 꽤 뿌듯했어요.
진짜 제대로 읽었냐고 누군가 묻는다면 부끄럽죠. 너무 어려워서
글자만 읽은 느낌이지만, 그래도 다 읽고 나서 참 뿌듯하고
성취감이 느껴졌던 건 사실이에요.
이때 중요한 점은 이해가 안 가도 그냥 읽는 거예요.
비교적 최근에 나온 책으로는 《총, 균, 쇠》, 《사피엔스》,
《호모 데우스》, 《21세기 자본》, 《바른 마음》 같은 두꺼운 책들을
추천해요. 이 정도의 책을 끝까지 완독하고 나서
일반 두께의 책을 읽으면 속도가 엄청 빨라져 있음을 느낄 거예요.
이때는 책 내용을 다 기억 못했다고 실망할 필요가 없어요.
우리가 영화를 보고 나서 그 영화 내용이나 대사를 다 기억 못하는
것처럼요. 당장은 기억나지 않지만 이후에 다른 책들을 읽다 보면
하나씩 하나씩 어떻게든 도움이 됩니다.

두꺼운 책을 완독해낸
것만으로도
성취감을 느낄 수 있으며
책 읽는 속도가 빨라져요.
당장 다 이해가 안 되고
기억이 안 나도
나중에 반드시 도움이 됩니다.

고전을 읽는 이유

다들 고전을 읽어야 한다고 하는데요. 고전을 읽으면 왜 좋을까요?
여러 이유가 있겠지만 제가 느낀 건 이런 거예요.
우리는 지금 어떤 시대를 살고 있죠?
자본주의 사회, 시장경제 체제, 민주주의 시대를 살아가고
있잖아요. 이런 것들이 저절로 만들어진 게 아니라, 수많은
철학적 토론을 통해 나온 것이거든요.
우리가 살아가는 세상의 구조를 알아내는 데
책, 특히 고전만큼 좋은 게 없어요.
민주주의는 가장 좋은 제도인가, 민주주의의 기본적 구조는
왜 이렇게 되어 있는가, 왜 정당 제도는 지금과 같은가,
시장경제 체제는 어떻게 자리 잡게 됐는가…
이런 문제들은 누가 갑자기 나타나서 딱 정해준 게 아니거든요.

이렇게 결정된 구조를 알려면 당시의 고민과 토론내용을
알아야 하고, 그러려면 고전을 읽어야 해요.
예컨대 우리가 잘 알아야 하는 것 중에는 돈의 구조도 있어요.
무조건 돈만 많이 벌겠다고 할 게 아니라 철학적인 구조로 접근해서
알 필요가 있다는 거죠.
저는 그런 것들이 인문고전을 읽어야 하는 이유가 아닐까 싶어요.
내가 사는 세상의 메커니즘을 이해하는 데
가장 큰 도움이 된다고 생각해요.

고전을 통해
내가 사는 세상의
메커니즘을 공부해보세요.

어려운 인문고전 쉽게 읽는 방법

고전을 읽으면 얻을 게 많은데, 읽으려면 만만치 않죠.
저도 처음에는 읽기 힘들었어요.
내용은 어렸을 때부터 하도 많이 들어서 알 것 같은데,
막상 읽으면 무슨 뜻인지 모호하고 헷갈리고.
그래서 생각해봤어요. 좋은 내용인데 왜 안 읽힐까.
고전의 지혜는 이미 우리 생활에 다 담긴 것들이잖아요.
그러니까 고전이 됐겠죠.
그럼에도 읽히지 않는 이유를 UX(사용자 경험) 관점에서 바라보니,
내용이 어려운 게 아니라 형식이 어려운 것이더라고요.
일단 두껍고, 말 자체가 옛날 말투고 어색하죠.
그래서 자연스럽게 찾기 시작한 게 더 쉽게 써진 책들이에요.

고전을 읽는 가장 쉬운 방법은 '만화책으로 고전 읽기'예요.
제가 잘 시도하는 방법이기도 한데요.
중고등학생들은 고전을 어떻게 읽나 하고 찾아봤더니
청소년 서적 코너에 '중학생을 위한 ○○ 시리즈' 등
아주 쉽게 써진 책들이 있는 거예요. 그런 책을 사서 같이 읽어요.
《정의란 무엇인가》가 200만 부나 팔렸다고 하는데
책을 산 사람들이 다 읽지는 못했겠죠. 그런데 청소년 코너에 가면
학생을 위한 정의론이 그림책으로 나와 있어요. 둘 다 읽어보니
사실 큰 차이가 없더라고요. 머릿속에 남는 것도 같아요.
그래서 만화 고전세트를 샀어요. 서울대학교가 지정한 고전을
주니어김영사에서 시리즈로 묶은 게 있어요.《정의론》,《국가》,
《맹자》등의 고전을 만화로 소개한 것인데, 그걸 읽고 나서
본서를 읽으면 조금 더 잘 이해되는 것 같더라고요.
그런 식으로 쉽게 써진 책과 본서를 같이 읽었어요.

고전을 요약 편집한 책을 읽으면 선입견이 생기지 않느냐고
하는 분들도 있는데, 저는 선입견을 갖는 게
안 읽는 것보다는 낫다고 생각해요.
그런 책으로 예습한 다음에 본서로 들어갔다가
다시 그런 책들을 읽는 게 좋다고 생각해요.
6개월에 한 번씩 어려운 책을 읽다 보면 튕겨져 나올 때도 있는데,
이때 입문서의 도움을 받죠.
《논어》가 재미있는 경우인데요. 사람들이 《논어》를 되게 어려운
책이라 생각하는데 사실 그만큼 쉬운 책이 없거든요.
검색해보니 《논어》는 1만 5919자로 되어 있대요.
한 쪽에 300자가 들어간다고 하면 53장 정도 되는 얇은 책인데,
왜 그렇게 두꺼운가 생각해보니 대부분 교수님들이나 학자들이
본인들의 수준으로 일반 독자가 이해하기 어렵게,
현학적으로 쓰다 보니 그런 게 아닌가 싶어요.

그리고 고전은 두꺼워야 한다는 생각이 있는 거 같아요.
메시지 자체는 쉬워요. 우리 삶에 녹아 있는 이야기예요.
공자님이 항상 말하는 '군자의 삶'이 무엇인지에 대한 이야기거든요.
그래서 현학적인 해석만 벗겨내면 결코 어렵지 않아요.
핵심 구절을 가려 뽑은 《논어의 말》 같은 책은 정말 읽기 쉬워요.
물론 《논어》 전체를 다룬 책이 아니니 이 책만 읽으면 안 되고
두꺼운 책도 읽어야죠. 그래서 한 가지 주제에 관한 책을
여러 권 사요. 《논어》에 관한 책만 열 몇 권을 샀고, 《한비자》를
다룬 책도 그만큼 있어요. 《군주론》에 관한 책도 10권 넘고요.
다양한 저자와 시각, 편집, 레이아웃에 따라 다른 점이 눈에 띄어요.
편집만 달라져도 다르게 보이더라고요.
우리가 고전이라 하면 기존의 두껍게 내는 책을 떠올리곤 하는데,
두께에서 압박감이 오는 것이거든. 서두에 말했듯이
책을 읽는 건 글자를 읽는 게 아니라 저자의 생각을 읽는 것인데,

저자의 생각은 비단 책 안에만 담겨 있는 게 아니잖아요.
책 밖에도 저자의 생각이 담겨 있어요. 해설서, 블로그, 서평,
유튜브… 어디든 책의 메시지가 들어 있어요. 포털사이트에
인문고전을 5분짜리 짧은 영상 클립으로 만든 서비스도 있는데,
이런 것들을 입체적으로 읽어주면 좋죠. 저는 블로그나 서평을
검색해보면서 읽어요. 백과사전에서 해당 고전 항목도 찾아보고.
그런 것들을 통해 다양한 관점을 보게 되죠.

자, 여러분, 어려운 책이라고 겁먹지 말고 청소년 코너에서
만화책이나 조금 더 쉽게 써진 책으로 문턱을 낮춰보세요.

어려운 인문고전은
사전에 관련 만화책이나
청소년용 문고로 예습을 하고
읽으면
쉽게 접근할 수 있어요.

당장 일과 상관없는 주제로 세 권 이상 읽어보기

하나의 주제를 정하고 세 권 이상 읽으면 해당 주제에 대해
어느 정도 식견이 생겨요. 이때 당장 쓸모 있는 것,
실무적이고 실용적인 것 외에 깊이 파고들 수 있는 주제를
정하는 게 좋아요. 이를테면 정의, 한국사 혹은 조선사, 로마사처럼
주제를 정하면 좋죠. 노동, 돈, 행복, 심리학이나 뇌과학이어도 좋고
4차 산업혁명에 대해 알아보겠다고 정하고 두세 권 읽어도 좋고요.
저자를 정하고 그 저자의 책을 여러 권 읽어보는 것도 좋아요.
그러면 자연스럽게 인접 분야에 대한 관심도 생길 거예요.
앞에서 제가 디자인 책을 읽기 시작해서
자연스럽게 마케팅과 브랜딩 쪽으로 넘어왔다고 했잖아요.
그때 읽은 책이 《보랏빛 소가 온다》 같은 거였어요.
사업을 할 생각으로 읽은 건 아니에요.

그냥 회사 업무가 디자인이어서
브랜드 관련 일을 많이 해야 하니까 자연스레 읽은 거죠.
그러다 읽는 데 재미를 들였어요.
《마케팅 천재가 된 맥스》 같은 책이 너무 재미있었거든요.
그때 생각했어요.
'아, 디자인도 마케팅하고 같이 공부하면 더 재미있겠다.'
기회도 좋았어요. 디자이너 출신인 조수용 카카오, JOH 대표가
네이버의 마케팅과 브랜딩 전반에 큰 기여를 할 때였거든요.
덕분에 디자이너로서 마케팅과 브랜딩에 대해 많이 보고 배웠죠.
그러면서 자연스럽게 경영서라든가 자기계발서로도 넘어갔어요.
그때 가장 기억에 남은 책은 이나모리 가즈오 회장의
《왜 일하는가》, 짐 콜린스의 《좋은 기업을 넘어 위대한 기업으로》,
《성공하는 기업들의 8가지 습관》 같은 책이에요.
눈앞의 과제를 해결하기 위해 읽은 책은 아니었지만, 결과적으로

훗날 창업하고 관련 지식이 필요할 때 큰 도움이 되었죠.

관심 가는 주제로 책 읽는 것은 좀 더 능동적인 책읽기 과정이에요.
아무래도 어떤 책을 사야겠다는 생각 없이 서점에 가면
베스트셀러와 평대에 전시된 책들만 살 가능성이 큰데,
이런 책들은 마케팅으로 전시된 경우도 많고
당장의 이슈에만 머무를 수도 있거든요.
능동적으로 주제를 정하고 책을 읽으면 정해진 경로가 아닌
나만의 경로가 만들어질 거예요. 앞에서 말한
지혜의 놀이동산을 탐험하는 나만의 경로가 생기는 거죠.

1년 선배보다 10년차 실용서

실용서적 읽는 방법을 모르는 분들이 의외로 많아요.
메모하는 법, 이메일 작성법, 보고서 쓰는 법, 회의하는 방법,
책 읽는 방법 등 여러 가지가 있어요. 심지어 상갓집에서 상주에게
어떻게 인사해야 할지, 사람들 앞에서 대표기도는
어떻게 해야 하는지 알려주는 책들도 있어요.
이메일 쓰는 법을 예로 들어보죠. 이걸 누구에게 배우나요?
회사에서 바로 위에 있는 선배에게 배우죠. 선배라고 해야
2~3년 선배예요. 그들도 제대로 아는 게 아니라
알음알음 배운 거라 사실은 잘 몰라요.
몇 년 직장생활한 선배보다는 10년 동안 이메일 쓰는 법만 연구한
사람이 당연히 더 낫겠죠. 그러니까 그냥 그런 책을 사서 읽으면
돼요. 이메일 쓸 때 참조와 숨은참조는 어떻게 하는지,

제목과 머리말은 어떻게 쓰는지 등도 책에 다 나와 있어요.
보고서 작성법도 그래요. 보고서 쓸 때에는 보고받는 사람이
누구인지 파악하는 게 가장 중요하죠. 결론 먼저 적고
왜 그런 결론을 냈는지 쓰면 돼요. 보고서나 이메일은
받아보는 사람이 바빠서 끝까지 다 못 읽기 때문에
초반 서너 줄로 잘 정리해야 해요.
이런 것들이 다 책으로 정리돼 있어요. 이런 책은 두껍지도 않아서
몇 시간이면 다 읽어요. 대신 이런 주제의 책은 금방 절판되는
경우가 많더라고요. 베스트셀러가 되기는 작은 주제여서 그런가
봐요. 그래서 늘 새로운 책이 다시 나와요.
서점에 가서 '이메일', '보고서', '회의', '독서' 등의 키워드로
검색해보면 잘 안 보이는 안쪽 서가에 꽂혀 있어요.
한 권 찾으면 그 옆에 관련된 책들이 쭉 있는데,
이런 책들은 차례가 매우 정확하고 구체적으로 나와 있어요.

그중 한 권만 사지 말고 두세 권을 사서 읽어보면
반복되는 내용이 나오거든요. 그 부분을 적용해보면 돼요.

회의하는 법도 비슷해요. 회의라 해도 컨퍼런스도 있고 팀 미팅도
있고, 종류만 해도 많잖아요. 회의에서 가장 중요한 사람은
주관자이고, 그 사람의 역량에 따라 회의가 달라져요. 그런데
대부분 어떻게 운영할지에 대한 생각 없이 그냥 회의를 하잖아요.
누구를 참석시킬 것인지, 회의 전에 자료를 언제 줄 건지,
회의의 마무리를 어떻게 해야 하는지 등 배워야 할 게 사실
많거든요. 사람들이 이런 공부를 잘 안 하는데, 일단 배워두면
회의가 완전히 달라져요. 회의를 연구한 책들도 아주 많아요.

제가 읽은 책 중에는 쇼펜하우어의 《논쟁에서 이기는 38가지
방법》이란 책도 있어요. 논쟁에서 이기려면 어떻게 해야 하는가에

대해 말도 안 되는 이상한 방법이 나오는데,

상대방과 논쟁이 안 되면 아무 말이나 마구 던져서 논점을
흐려버리라는 주장도 있고요. 상대방의 아주 작은 논리적 오류를
집요하게 공격해서 나머지를 모두 거짓으로 만들어버리라는 등
온갖 방법이 다 있어요. 처음에는 엄청 충격 받았어요.
이런 책을 철학자가 썼다니 재미있죠.
아무튼 중요한 것은 우리는 삶을 살면서
다양한 스킬을 배워야 하는데요. 이런 실용적인 소소한 이야기들도
책으로 아주 잘 정리되어 있다는 거예요.
이런 책을 읽는 게 2~3년 선배에게 배우는 것보다 훨씬 더
효과적이라는 말씀을 드리고 싶어요.

소설은 순서대로 작가의 감정을 따라서

앞에서 책 읽을 때 순서대로 읽지 않아도 되고, 머리말과 목차
중심으로 빠르게 저자의 생각을 읽는 것이 중요하다고 했는데요.
소설만은 순서대로 작가의 감정을 따라 읽어가는 게 중요해요.
기승전결과 같은 스토리라인이 있기 때문에 마구 읽으면
내용이 엉키겠죠. 그리고 동시에 소설 책 여러 권을 읽으면
스토리가 섞이므로 여러 권의 책을 읽을 때
소설은 한 권 정도만 포함시키는 것이 좋아요. 속독하지 않고
작가가 글을 쓸 때의 감정선을 느끼면서 읽어가는 것이 좋고요.
재미있는 게, 격정적인 부분에서는 저절로 빠르게 읽게 되고,
서정적인 부분에서는 아주 천천히 읽게 되기도 해요.

사실 저는 상대적으로 문학작품을 많이 읽는 편은 아니어서

소설 읽는 방법은 많이 알고 있지 못해요. 다만 편중된 독서를
하지 않기 위해 일부러 중간중간 소설을 한 권씩 읽죠.
최근에 아주 인상 깊게 읽었던 책이《채식주의자》,《편의점 인간》,
《82년생 김지영》그리고 1960년대에 출판되어 퓰리처상까지 받은
명저《앵무새 죽이기》예요.
《편의점 인간》에서는 주인공의 어렸을 적 이야기가 에피소드로
나오는데요. 이미 죽은 새를 위해 살아 있는 꽃을 꺾어(죽여)
애도하는 어른들의 행동을 이상하게 바라보는 소녀의 모습에서
저도 모르게 '아, 저렇게 생각할 수도 있구나, 세상에는
다양한 시각을 가지고 살아가는 사람들이 많고,
일반적이고 보편적인 시각에서 벗어난 사람들이 보편적 시각을
가진 것처럼 보이기 위해 힘든 삶을 살고 있구나.
편의점에서 수십 년을 일하면서 오히려 인생의 즐거움을 느끼는
삶도 있구나' 하는 생각을 하게 되었죠.

그리고 무기력해 보이는 일본 청년들의 자화상을 볼 수 있었어요.
신문에 청년실업률과 청년들의 가치관을 정량화해서
이해하기 쉬운 그래프로 보여주기도 하는데요.
이렇게 논리적인 사고로 이해하는 것과는 다르게
소설은 감성적으로 가슴으로 느낄 수 있도록 도와주죠.
문학은 사상이나 감정을 언어로 표현하는 예술이니까요.
《82년생 김지영》을 통해서도 이 시대를 살아가는 여성들이 겪는
불평등한 상황과 인권침해를 어떻게 바라봐야 하는지에 대한
또 하나의 시각을 얻게 되었어요. 추운 겨울에 남자학생들은
양말을 신을 수 있지만, 여학생들은 얇은 스타킹에 구두를 신어야
하는 모습, 여자아이들도 말뚝박기 놀이를 하고 싶은데
치마를 입어서 못하는 상황이 작가의 감정선을 통해 전해질 때
제 아내가 어렸을 때 겪었을 일들, 그리고
지금 제 딸들이 겪고 있을 일들을 생각하게 되는 것이죠.

《앵무새 죽이기》를 통해서는 당사자의 입장에 서서 한 번 더 바라보는 것만으로도 사람에 대한 편견과 차별이 많은 부분 해소될 수 있다는 것을 느꼈어요. 특히 흑인에 대한 인종차별을 어떻게 바라봐야 하는지를 소녀의 시각에서 느끼게 되죠. 문학적 표현도 훌륭해서 꼭 추천하고 싶어요.

이런 소설은 흐름이 끊기지 않도록, 짧게 읽는 것보다는 시간을 충분히 길게 쓰면서 읽는 게 좋아요. 저도 소설을 읽을 때는 몇 시간씩 빠져들어 새벽까지 읽기도 해요. 책의 장점을 이야기할 때 간접 경험을 통해 다양한 시각을 얻을 수 있다고 하잖아요. 바로 소설이 그렇다고 생각해요. 잠시 다른 사람의 눈으로 세상을 바라볼 수 있죠. 그래서 저는 '소설 읽기는 다른 사람의 안경을 잠시 빌려 쓰는 것'이라고 생각해요.

소설은
다른 사람의
안경을 잠시 빌려
쓰는 것.

지식의 거름망을 촘촘하게

책을 순서대로 안 읽고, 대충 읽고, 두껍고 어려운 책은 이해되지
않아도 넘기라고 이야기하니, 뭔가 독서방법을 알려준다고 했는데
이상한 느낌이 들죠?
영어를 배울 때에도 하나씩 하나씩 기초부터 문법 위주로 튼튼하게
쌓으면서 배울 수도 있지만, 일단 몰라도 자주 반복해서 듣다 보면
귀가 트이고 입이 열린다고 하잖아요.
독서도 비슷한 부분이 있어요.
잘 이해되지 않는 부분, 발음도 어려운 기다란 러시아 이름들,
현학적인 단어들을 처음부터 다 이해하려고 하다가는
금방 지쳐버려요.
이해 안 되는 것들은 그냥 이런 게 있구나 하고 지나쳐보세요.
그런데 신기한 점이, 이렇게 2~3년 정도 여러 책을 읽다 보면

비슷한 이름과 주제, 단어, 현상, 논문들이 나오고
눈에 하나씩 하나씩 들어오게 되죠.
저는 이걸 '지식의 거름망'이라고 해요.
처음에는 거름망 자체가 엉성해서 어떤 지식이나 지혜도 숭숭
빠져나가 버리죠. 그런데 꾸준한 독서를 하다 보면 어느 순간
'아, 맞다, 그때 어디서 이 내용을 봤는데',
'아, 그 이야기가 이렇게 해석되는구나'
하고 이해되는 순간이 있어요.
지식의 거름망이 조금씩 촘촘해지고 있는 거예요.
그러니까 처음부터 너무 부담 갖지 않아도 돼요.
많이 읽고 훈련하다 보면 누구든 촘촘해질 수 있거든요.
요즘 저에게는 '하이데거'라는 이름이 자꾸 걸려요. 그러다 보면
관심이 가게 되고 언젠가 읽겠죠. 조금씩 지식이 쌓이면 자연스럽게
읽게 될 거예요. 대충 읽은 것들도 나중에 도움이 돼요.

몰라도 자꾸 읽다 보면
지식의 거름망이
촘촘해져요.

책 잘 써먹는 법

3장

책읽기 응용,
책을 내 것으로 만들기,
함께 읽기

책 읽는 훈련을 해서 책과 친해졌다면, 이제는 읽은 내용을
내 것으로 만들 차례입니다. 위대한 현인들의 생각을 읽는
이유는 내 삶이 좀 더 좋은 방향으로 나아가게 하기 위해서예요.
그렇다면 읽는 행위 자체에만 목적을 두면 안 되겠죠.
3장에서는 내 생각을 깨는 도끼로 책을 활용하는 법,
깨달은 바를 공유하는 법, 책 읽는 즐거움을 소중한 사람들과
함께하는 법에 대하여 생각해보려 합니다.

책에서 변명 찾지 않기

책을 읽으며 조심해야 하는 게 있어요.
책을 내가 가지고 있던 생각을 공고하게 만드는 데에만 사용하면
안 된다는 점이에요.
물론 그런 경우도 있겠지만, 기본적으로 책은 변명을 찾기 위한
것이 아니에요. 정말 그렇게 읽고 있다면
잘못된 독서법을 하고 있는 것이죠. 내가 듣고 싶은 말,
듣기 좋은 말만 가득한 책을 읽고 있는 거예요.
만약 주변에 내게 칭찬만 해주고 전혀 자극을 주지 못하는 친구나
선생님이 있다면 어떻게 될까요?
그들이 혹시 나를 더 바보로 만들고 있는 것은 아닐까요?
주위를 보면 위로가 되는 책들 혹은 판타지나 무협지 같은
특정 장르의 책만 열심히 읽는 사람들이 있어요. 물론 위로를

받는다거나 상상력을 키운다는 측면에서 긍정적인 부분도 있지만,
몇 년째 그런 책들만 읽는 것은 문제가 있다고 생각해요.
책을 읽는다는 행위 자체에만 의의를 두고
지적 활동을 하고 있다고 스스로 위안하며
책 속에 숨고 있지는 않은지 생각해보면 좋겠어요.

책을 읽는다는 것은 내 삶의 변명을 찾기 위해서도
위로를 찾기 위해서도 아니에요.
책을 읽는 것은 생각의 근육을 키우고,
내가 가지고 있는 편견, 고정관념을 깨고,
그동안 보지 못했던 것을 보기 위함이에요.

매번 책을 읽으며 '역시 내 생각이 맞았어~'라는 생각이 든다면
뭔가 잘못되고 있다는 신호예요.

"자신이 옳다고
믿는 사람은 게으르다."
-비트겐슈타인

도끼 같은 책 만나기

책 읽는 것이 자연스레 습관이 되고, 내용은 잘 이해되지 않더라도
두꺼운 책 한 권쯤 읽었다면
이제부터는 다른 관점에서 책읽기를 체크해봐야 할 때예요.
책읽기 훈련을 하고 나서 6개월에서 1년 사이에 하면 좋고, 이후에는
6개월마다 체크하면 좋아요. 6개월 동안 읽었던 책들을 보면서
그 사이에 충격 받았던 책이 있었는지 살펴보는 거죠.
카프카는 "책은 우리 안에 꽁꽁 얼어붙은 바다를 깨는 도끼여야
한다"고 했어요. 수년 전 베스트셀러였던《책은 도끼다》도
이 문구에서 시작되었죠.
맞아요. 책은 우리 안에 있는 고정관념, 상식들, 당연히 여겨졌던
것들을 깨고 새로운 관점과 또 다른 시각을 던져주는
도끼 같은 존재여야 해요.

하지만 이런 도끼를 매일 맞을 수는 없고요.

저는 6개월 한 번 정도씩은 맞아줘야 한다고 생각해요.

대부분 이런 책들은 고전이 많아요.

예를 들어 인간 본성에 대한 상식을 깨버린 《군주론》, 부자들이
왜 돈을 끊임없이 벌려고 하고 어떻게 소비하는지 알려준
《유한계급론》, 본질이 무엇인지 머리 아플 정도로 캐묻는
소크라테스의 대화편들, 법은 어떻게 만들어졌고
한 개인의 권리가 무너졌을 때 어떻게 대처해야 하는지
생각하게 하는 《권리를 위한 투쟁》, 왜 세상은 진보하는데
가난한 사람들이 계속 존재하는지를 성찰한 《진보와 빈곤》,
진실을 찾기 위한 토론방법은 어때야 하는지를 알게 해준
《자유론》, 궁극의 선(善)인 행복을 추구하기 위해서는
무엇이 필요한지 말하는 《니코마코스 윤리학》,
진정 올바른 삶이란 무엇인지를 알려주는 《논어》,

역사를 어떤 시각에서 바라봐야 하는지 말하는
《역사란 무엇인가》, 헤겔의 《역사철학강의》, 어떻게 살아가야
하는지 고민하게 된 니체의 책들 등 수없이 많아요.
고전이 아니어도 부의 불평등은 왜 존재하고
어떻게 해소할 수 있는지를 설파한 《21세기 자본》,
인류는 어떻게 진화했고 앞으로 어떻게 진화할지를 모색한
《사피엔스》, 《호모 데우스》 같은 책도 좋고요.
문학도 좋습니다. 편견을 없애주는 《앵무새 죽이기》,
우리의 삶과 죽음, 행복이란 무엇인지 고민하게 해주는
톨스토이의 소설도 좋습니다. 모두 저에게 도끼 같은 책들이에요.
도끼 같은 책을 만나면 한 방 맞은 것 같은 충격을 받곤 하죠.
그동안 내가 생각했던 것들을 다른 시각으로 보게 되고
반성하기도 하고 당면한 문제를 해결하는 데 힌트가 되는
새로운 관점을 제공받기도 하죠.

한마디로 이 책의 가장 큰 주제인 생각의 근육을 키울 수 있어요.
그런데 이런 책들만 읽으면 몹시 졸립고 힘든 건 사실이에요.
그래서 저는 6개월을 주기로 그사이 도끼 같은 책이 없었다면
일부러 인문고전 같은 책을 찾고, 다행히 있었다면
그냥 읽던 책을 계속 읽어요.

자신이 과거에 한 생각과 의견이 여전히 옳다고 생각하는 사람은
일관성 있어 보이지만, 반대로 지적인 면으로는
무척 게으른 사람이에요.
세상을 한쪽의 시각으로만 치우쳐서 보려 하고, 세상의 다양한
견해와 전혀 다른 사고방식이 있다는 것을 알려 하지 않는 것이죠.
도끼가 필요해요. 스스로를 깨부술 수 있는 도끼.

> **"책은 우리 안에 꽁꽁 얼어붙은**
> **바다를 깨는 도끼여야 한다."**
> **- 카프카**

책을 통해 시대정신 읽기

베스트셀러는 당대의 시대정신을 담고 있어요.
시대정신이란 어떤 시대에 살고 있는 사람들의
보편적인 정신자세나 태도를 말하는 것이죠.
《앵무새 죽이기》가 인종차별에 대한 문제의식을 환기시켰다고
했잖아요. 좀 생뚱맞게 들릴지 모르지만《총, 균, 쇠》도
이런 관점에서 함께 이야기해볼 수 있을 것 같아요.
《총, 균, 쇠》는 각 대륙의 역사적 차이는 인종의 우월성이 아닌
우연한 환경의 차이에서 비롯됐다고 말해요. 백인이 흑인보다
생물학적으로 우위에 있지 않다, 단지 유라시아와 지중해 인근의
초승달 지대가 기후적으로 밀이 대량생산될 수 있기에
사람들이 위도를 따라 옆으로 확산되었고
자연스레 문명적 격차가 벌어진 것일 뿐,

이 지역에 살던 백인들이 생물학적으로 우월해서는 아니라는
주장을 펼치고 있어요.

인종문제에 대한 저자의 생각을 논리적으로 펼친《총, 균, 쇠》와
감성적으로 펼친《앵무새 죽이기》를 비교해보면서 읽어도
재미있을 것 같아요. 두 책 모두 인종차별만 다루고 있다고 볼 수는
없지만, 두 책이 많은 사람들에게 인종차별에 대한
편견을 깨도록 해준 건 사실이에요.

또 하나 흥미로운 지점이 있어요. 두 작품 모두 퓰리처상을
받았는데요. 그중에서도《앵무새 죽이기》는 출간 이듬해인
1961년에 수상했어요. 퓰리처상은 여러 부문이 있는데 그중 문학과
연극, 음악 부문은 수상자가 반드시 미국 시민이어야 한다고 해요.
사실 인종차별에 대한 문제는 한국 사람들보다는 미국 사람들에게
훨씬 더 깊이 맞닿아 있겠죠.《앵무새 죽이기》가 50년도 더 전에
수상했다는 사실은 그만큼 미국인들이 인종차별에 대해

상대적으로 많은 문제의식을 갖고 고민해왔다는 증거인 거죠.
이런 부분이 당시 미국의 시대정신이라고 할 수 있겠죠.
마찬가지로 한국의《82년생 김지영》이란 소설이
베스트셀러가 된 것으로 현 시대 여성의 인권에 대한
사회적 관심이 뜨겁다는 것을 알 수 있죠.
수년 전에《정의란 무엇인가》가 베스트셀러가 되면서
당시 우리 사회에 정의라는 주제에 대한 논의가 활발했는데요.
이것도 한국이 정의로운 사회가 아니라고
많은 사람들이 생각하기 때문에 나타난 현상이겠죠.

2장에서 책을 펼치다 우연히 걸리는 제목과 문구들이
현재 나의 고민을 자연스레 알려준다고 했듯,
베스트셀러는 현 시대 함께 살아가는 많은 사람들의
고민과 문제의식을 알려줘요.

요즘에는 서점에 가면 인공지능, 4차 산업혁명, 빅데이터,
노동과 로봇세 등의 책이 인기를 끌고 있어요.
현재 어떤 책들이 베스트셀러인지 또는
과거 특정 책이 인기를 끌었던 시대에는 어떤 고민이 있었는지
책을 통해 시대정신을 읽어보세요. 시대정신을 통해 변화하는
세상의 거대한 물결을 느껴보세요.

멍하니 서재 앞에 서기

책을 꾸준히 읽으려면 자신만의 서재를 만들 것을 권해요.
서재라고 하니 거창해 보이는데, 작은 책장들도 좋아요.

서재 앞에 서서 멍하니 쳐다보고 있으면
자연스럽게 책과 대화가 시작되죠.
저 책은 언제 읽었지?
저 책이 왜 저기 꽂혀 있지?
저 책을 내가 샀던가?
… 이런 생각이 마구 들어요. 저 책의 저자는 누구의 영향을
받았고, 반대 주장을 하는 인물은 누구고, 저 책은 누구에게
추천받았고, 누구에게 선물받았고, 저 소설에서 연인들이 어떻게
사랑을 속삭였는지, 이런 소소한 사연부터 하나씩 하나씩

떠올리게 되죠. 그러면서 그때 고민했던 것들,
그 시절의 감정들이 따라서 올라오곤 해요.
책 제목들이 말을 걸기도 하고, 우연히 꺼내든 책에서
밑줄 친 구절을 다시 읽으며 생각에 잠기기도 하고요.
이러면서 자연스럽게 책읽기의 즐거움에 빠지게 되죠.
이런 즐거움이 종이책 읽는 맛인지도 몰라요. 전자책에서는
아무래도 느끼기 어려우니까요. 전자책은 방대한 분량의 책을
디지털로 담고 있어서, 내가 읽었던 책을 찾으려면
검색을 해봐야 해요.
그런데 이 검색이란 행위는 아주 능동적이잖아요.
내가 검색어를 설정해서 먼저 질문을 던져야만 찾을 수 있어요.
물론 그 덕분에 무엇보다 빠르게 필요한 정보를 찾을 수 있지만,
과거에 읽었던 책들을 우연히 다시 만나는 즐거움을
느끼기는 힘들죠.

서재 앞에서 가끔 멍하게 있으면 책이 말을 걸어올 때가 있어요.
어쩌면 내 내면의 고민들이 하는 말이겠지만
명상하는 느낌으로 자연스레 서재 앞에서
대화를 나눠보세요.

나만의 책 지도 만들기

제가 중요하게 생각하는 것은 각자 자신만의 서재를 통해
책 지도를 만들어보라는 거예요.
저 책의 저자는 누구의 영향을 받았고,
반대 주장을 하는 인물은 누구고, 이 이야기는 어디서 시작해서
어디로 흘러가고 있는지, 한 권의 책은 온전히 한 명의 저자가
혼자서 생각해서 쓴 책이 아니에요. 우리도 그렇잖아요.
자연스레 누군가에게 들은 이야기나 본 것들에
내 생각들이 더해져서 나만의 생각을 만들어내죠.
아무리 위대한 사상을 펼친 저자라도 누구의 영향도 받지 않고
사상을 만든 사람은 없어요.
이 과정을 책과 책 사이의 지도로 만들어보는 것이죠.

책 속의 글로 내 생각을 멋지게 전달하기

저는 제가 하고 싶은 메시지를 전달할 때 책 속 문구를
종종 활용해요. 일단 굉장히 있어 보이거든요.
책의 저자가 갖고 있는 권위를 이용해서
내가 하고 싶은 이야기를 전달하는 방법이죠.
흔히 어렸을 적에 '우리 아빠가 그랬어~',
'우리 선생님이 그랬어~'라고 하면 친구들 사이에 뭔가 그럴싸한
말을 하고 있는 것 같은 느낌이 들게 하는 효과와 같죠.
바로 'according to(~에 따르면)' 화법인데요. 이 화법의 좋은 점은
첫째, 일단 있어 보이고요.
둘째, 저자의 권위를 빌려 짧고 강하게 생각을 전할 수 있어요.
셋째, 설령 그 내용이 잘못되었을 경우에도 빠져나올 수 있어요.
특히 민감한 사안인 정치나, 무엇이 올바른지에 대한 문제나,

복지 문제 등에 대해 직접적으로 내 생각을 이야기하다 보면
함정에 빠지기 쉬워요. 여러 차례 말했듯이 오류 없는 판단은
있을 수 없고 세상에는 정답이 없는 문제가 많기 때문이죠.
그런데 저자의 이름을 빌려 '어떤 저자가 이런 말을 했습니다. 이런
관점에서 본다면 이번 문제를 이렇게도 볼 수 있다고 생각합니다'
식으로 자신의 의견을 제삼자 관점에서 전달하면
논리적 오류가 발생했을 경우 저자와 자신을 분리하면서
다른 관점으로 이야기를 이어나갈 수 있죠.
마치 포켓몬을 이용해서 대신 싸우는 것과 같죠.

그리고 오래된 책의 경구는 시간이 지나면서
저자가 처음 말했을 때보다 훨씬 잘 정리되곤 하잖아요.
랩처럼 라임까지 맞춰진 경우도 많죠.
이런 경구들은 짧은 메시지 안에 삶의 통찰이나 사상을

날카롭게 담고 있기 때문에 강한 인상을 순간적으로 심어주며
이야기를 펼쳐나갈 수 있어요.
면접의 첫인상처럼 말하기의 첫인상 같은 거죠.
이런 경구들을 많이 모아서 사용해보시길 권해요.
다음은 제가 자주 사용하는 경구들이에요.

"권리 위에 잠자는 자는 법으로부터 보호받을 수 없다." (폰 예링)
"회사는 평범한 사람들이 모여 비범한 성과를 내는 곳이다."
(피터 드러커)
"오류가 없는 판단은 있을 수 없다." (존 스튜어트 밀)
"밖에 적이 없고 안에 우환이 없는 나라는 반드시 망한다." (맹자)
"좋은 것은 위대한 것의 적이다." (짐 콜린스)
"나 스스로를 지배할 수 없으면 누군가에게 지배당한다." (마키아벨리)
"아는 것을 안다고 말하고 모르는 것을 모른다고 말하는 것이

진정 아는 것이다." (공자)

"경쟁에서 가장 중요한 점은 나 스스로 상대방보다 작다고 생각하지
않는 것이다." (랠프 왈도 에머슨)

"기업가는 혁신을 창조하는 사람이고,
사업가는 혁신을 모방하는 사람이다." (조지프 슘페터)

"긍정적인 사람은 한계가 없고, 부정적인 사람은 한 게 없다." (박용후)

"재산을 숨겨두는 방법으로
다른 사람에게 베푸는 것만 한 게 없다." (다산 정약용)

"현자는 절망적 상황에서 희망을 이야기하는 것이 아닌,
희망적 상황에서 절망을 이야기하는 사람이다." (존 스튜어트 밀)

"행복은 아이스크림과 같다. 달콤하지만 반드시 녹는다." (서은국)

따로 메모하거나 페이스북에 올려두면 나중에 찾기 편할 거예요.
여러분도 여러분만의 경구를 많이 모아보세요.

과시적 독서법, 소셜미디어에 책 자랑하기

읽고 있거나 다 읽은 책은 페이스북이나 인스타그램 같은
소셜미디어에 올려보세요. 시간이 흐른 뒤에
'내가 이런 책을 읽었구나' 하고 알 수 있어서 일단 좋아요.
예전과 책을 읽고 난 후의 느낌이 달라질 때도 있어서
책을 통해 내가 어떻게 달라지고 있는지도 실감할 수 있어요.
심하게는 '이런 책도 읽었다고?' 하고 새삼 놀랄 때도 있어요.
서점에서 책을 사왔는데 집에 밑줄 그은
똑같은 책이 있을 때도 있으니까요.
말 그대로 소셜미디어도 하나의 개인 미디어죠.
미디어의 강력한 힘은 재미있게도
'중요한 것을 알리지 않는' 데 있어요.
이 말은 곧 중요한 것보다는 자신이 알리고 싶은 것,

보여주고 싶은 것, 관심 가는 것 위주로 올리게 된다는 뜻이죠.

역설적이죠.

하지만 우리가 소셜미디어에 자랑하고 싶고,

보여주고 싶은 모습만 올리고 있다는 사실을

부정할 수는 없겠죠.

사실 일상 모든 상황을 소셜미디어에 올리지 않잖아요.

아침에 일어나 부스스한 모습을 찍어서 올리는 사람이 있을까요.

소셜미디어 속 이야기는 세수하고 화장한 후부터 시작되죠.

여행 사진, 맛집 탐방기, 예쁜 카페에서의 인증샷을 올려

내가 얼마나 행복하게 살고 있는지 알리잖아요.

이미 소셜미디어 활동 자체가 과시적 활동이에요.

부정적인 관점으로 이야기하는 게 아니에요.

제가 말하고 싶은 '과시적 독서법'을 이런 관점에서 이해하시면

좋을 것 같아요. 이렇게 한 편 두 편 올리다 보면

나를 보는 사람들의 시선이 달라지고,

그걸 인식하다 보면

책을 올리기 위해서라도 책을 더 열심히 읽게 돼요.

전후가 바뀐 것 같지만 아주 효과적이에요. 운동하는 사람들이

굳이 자신의 몸매나 운동하는 모습을 페이스북에 올리는 것과 같은

심리라고 봐도 좋을 것 같아요. 과시하다 보면 자연스레 나 스스로

그 모습을 유지하기 위해 지속하게 되니까요. 뭐, 과시적 소비같이

나쁜 것도 아니니 많은 분들께 권해봅니다. 꾸준히 올리다 보면

출판사에서 홍보용 신간서적이 날아오기도 하고,

책 이야기가 뜸하면 주변에서 왜 안 올리냐고 은근 압박도 받죠.

나는 내가 하나씩 행동한 결과들이 쌓여 만들어지는 거잖아요.

생각 없이 행동하면 생각 없는 사람이 되지만,

생각을 갖고 행동하면 원하는 모습으로 되어가겠죠.

몸이 하나도 안 좋아지는데 만날 운동한다고 말할 수 없는 것처럼
과시적으로 꾸준히 책읽기를 자랑하다 보면
책읽기를 많이 할 수밖에 없게 되죠.

읽지 않은 책에 대해 말하기

사람들은 다 읽은 책에 대해서만 이야기할 권리가 있다고
생각하는데요. 어지간한 베스트셀러가 아닌 다음에야 한 자리에
모인 사람들이 모두 다 읽은 책은 별로 없어요. 누구나 제목은 아는
고전작품이나 명저도 막상 읽은 사람은 많지 않잖아요.
그렇다면 누군가가 감명받은 책에 대해 열정적으로 얘기하는데,
그 책을 안 읽은 상대방은 그저 멍하니 듣기만 해야 할까요?
TV나 신문을 보면 학자나 지적인 인물들의 인터뷰에
공통점이 있어요. 이런 분들일수록 반드시 책장 앞에서
인터뷰를 한다는 거죠. 한쪽 벽면을 다 채운 책, 그것도 모자라
중간중간 쌓여 있는 책들… 이런 장면을 보면서 우리는 생각하죠.
'우와, 정말 책을 많이 읽었구나', '저 책을 다 읽었다니 놀랍다.'
하지만 여러분, 한쪽 벽면을 다 채우는 서재라면 최소

1000권 이상이에요. 수천 권 또는 만 권도 채울 수 있죠.
1000권이라 가정한다면 하루에 한 권씩 읽어도 2년 반이 걸려요.
하루에 한 권 읽기는 쉽나요? 모든 일을 포기하고 책만 읽어도 될까
말까예요. 10년간 읽어온 서재라 해도 1000권이면 4일에
한 권은 읽어야 하죠. 교수, 정치인, 의사, CEO, 작가 등 저마다 바쁜
직업을 가진 분들이 하루 종일 책만 읽었을까요? 그렇지 않잖아요.
장담하지만 그분들 모두 자기 서재에 있는 책을 다 정독하지는
못했을 거예요. 그럼에도 책에 대한 이야기를 하고,
누군가에게 책 추천도 하고 그러죠.
이처럼 저는 다 읽지 않은 책에 대해서도
얼마든지 이야기할 수 있다고 생각해요.
누군가 그 책을 다 읽었냐고 물어볼까 봐 겁난다면, 그냥
다 읽지는 못했다고 솔직히 말하면 되죠. 그리고 나는 그 책의 어떤
부분을 읽었는데 내 생각은 이렇다고 말하면 그만이에요.

책에 관한 책 중에는《왜 책을 읽는가》라는 책도 있는가 하면
《읽지 않은 책에 대해 말하는 법》같은 책도 있어요. 모든 사람들이
읽지 않은 책에 대해서는 말할 자격이 없다고 생각하는데, 그렇지
않다는 주장을 하죠. 도서관 사서들은 출간된 책을 다 읽지 않아도
사람들에게 책을 추천해요. 비디오가게 아저씨(옛날 얘기 같지만)도
보지 않은 영화를 추천해줄 수 있잖아요.

음식의 재료와 조리법을 알면 대략 어떤 맛일지 짐작이 되고
'맛있겠다', '먹고 싶다', '이건 그 음식과 먹으면 딱이겠는데'라고
하잖아요. 책도 마찬가지 아닐까요. 정독하지 않은 책이라 해도
그 주제에 대한 자신의 생각과 느낌을 편하게 이야기해보는
용기를 내보면 어떨까요. 한 번도 만나보지 않은 연예인에 대해서는
그렇게 잘 이야기할 수 있는데, 읽지 않은 책이라 해서 말 못할
이유는 없다고 봐요. 읽은 책에 대해서만 말할 수 있다는 것도
책을 지나치게 숭상하는 엄숙주의가 아닐까 싶어요.

'혼자만 많이 읽으면 무슨 재민겨?'

요즘 많은 기업에서 구성원들의 도서비를 지원한다고 들었어요.
좋은 일이죠. 저희도 나름대로 열심히 하고 있고요.
우아한형제들을 창업했을 때부터
'우리는 책값을 무제한으로 제공하자'고 했어요.
아내가 제게 책값을 무제한 지원해준 것처럼 말이죠.
저도 그 덕분에 책은 걱정 없이 실컷 읽을 수 있었으니까요.
그런데 가끔 이런 말을 들어요. 책은 자기 돈 내고 사야
열심히 읽는데, 회사가 사주는 책은 대충 읽지 않겠냐는 거죠.
그런 의견도 일리 있다고 생각해요.
다만 제 생각은 책을 다 읽지 않아도 되고, 책읽기가 학교 공부나
스펙 쌓기처럼 느껴지지 않았으면 좋겠다는 것이에요.
사실 읽는 책마다 반드시 삶의 교훈을 느껴야 하는 건 아니잖아요.

위안을 얻을 수도 있고, 그저 재미있게 읽고 끝날 수도 있겠죠.
그러한 연장선상에서 책읽기 자체가 즐거운 과정이고, 내 수준에서
하나씩 해나간다는 성취감으로 자연스럽게 받아들이면 좋겠어요.
공부하듯 책 읽는 건 학교 다닐 때 지겹게 했잖아요.
그래서 사회 나와서 책 읽는 게 더 꺼려지는 면도 있거든요.
일단 저는 책과 부담 없이 친해지는 게 우선이라 생각해요. 그러려면
경제적 부담도 적어야 하고, 관심 가는 책을 자유롭게 사서
안 읽히는 건 읽지 말고, 읽고 싶은 건 재미있게 읽는 게 좋다고 봐요.
산 책을 다 못 읽는 것을 낭비라고 생각하지 않고
출판업계에 기부했다고 생각하세요.
그래야 출판시장이 더 발전할 수 있을 테니까요.

그 외에 우리 회사 차원에서 책을 읽히기 위해
특별히 시행하는 프로그램은 없어요. 다만 꾸준히 독서하되,

편향된 독서를 하지는 않기를 바랄 뿐이죠. 어떤 책이 어떤 책보다 좋다 나쁘다를 이야기할 수는 없는데, 그래도

조금 더 나를 자극하는 책, 새로운 자극을 주는 도끼 같은 책을 읽었으면 좋겠다 싶은 거죠.

그래서 저도 도끼 같은 책을 읽으면 구성원들에게 많이 이야기해줘요. 내가 최근에 이런 책을 읽었고 많은 생각을 하게 됐다고. 일단은 사내에서도 책 읽는 모습을 많이 보여주는 게 좋다고 생각해요. 임원들도 책을 많이 읽는 편이고요.

그래서 우리 회사 구성원들이 정말로 책을 많이 읽고 있냐고요? 많이 읽죠. 얼마큼이냐면 '이전 직장에서보다 많이 읽고 있다'고 모두 이야기해요. 도서구입비를 평균 내보니 1인당 매달 약 12만 원이었어요. 한 달에 대략 6~7권이죠. 우리나라 성인 평균 독서량이 한 달에 한 권 정도라는 기사를 봤는데, 이에 비해

6~7배 정도 더 읽는 셈이죠.

적지 않은 비용인데, 이렇게까지 해서 구성원들의 독서를 장려하는 이유가 있느냐고요?

네, 이유가 있어요.

구성원들이 책을 읽게 하는 게 왜 중요할까요? 회사(會社)는 또 하나의 사회(社會)예요. 리더의 역량도 중요하지만 구성원 한 명 한 명의 역량이 무척 중요해요.

특히나 정답을 쉽게 찾기 힘들고, 점점 복잡해지는 문제를 풀어가야 하는 지금과 같은 시대에서는 매우 중요하죠. 마치 민주주의가 잘 이뤄지려면 시민의식이 높아져야 하는 것처럼요.

위키피디아에는 시민의식이 이렇게 설명돼 있어요.

"시민의식이란, 현대에 있어 사회 구성원 개개의 정신적 태도 및 양상을 이른다. 정신적 태도라는 말은 실상 그야말로 막대히 총체적인 말이어서 합리적인 사상, 불의 부정, 여타 시비에의 비판, 준법성, 그 외 범사 도덕성 등에서 시민으로서의 향상적 태도라고 말할 수 있지만, 그 경계가 엄존한다고는 할 수 없다. 시민의식의 향상 여부에 따라 구습 같은 사회적 폐해를 탈피하기도 하고, 지각적인 공론이 되어 삶의 권리가 신장되는 원동력이 되기도 한다."

마찬가지로 회사도 책을 통해 구성원 개개인의 의식수준이 높아지면 더 잘되지 않을까요?

스트레스 안 주면서 책 권하는 법

간혹 리더들이 감명받은 책을 구성원들에게 선물할 때가 있죠.
물론 좋은 의도인데, 받는 사람들이 달가워하지 않는 경우가
생각보다 많아요. 읽고 독후감이라도 써야 할 것 같은
스트레스도 있는 것 같고요. 뜬금없이 책을 선물하면 상대가
의중을 오해할 수 있잖아요. 저도 이런 경험을 한 적이 있어요.
그런 의도는 아니었는데 책을 통해 훈계한 것 같은 느낌이요.
그리고 같은 책 안에도 여러 가지 주제가 있고,
저마다 끌리는 문장도 달라요. 그걸 중심으로 보게 되는데,
책을 선물한 사람과 받은 사람이 다른 데 꽂히면
서로 관계가 복잡미묘해지기도 하죠.
구성원들에게 책 읽으라고만 이야기하는 것보다
리더들이 책을 읽고 짧게 소감을 이야기해주는 게 참 중요해요.

그러면 저절로 사람들이 책을 많이 읽게 돼요.

최근에 《애프터 피케티》라는 책을 샀어요. 토마 피케티의
《21세기 자본》의 3년 뒤 이야기인데, 흥미 있는 주제이긴 하지만
어려운 경제용어가 대량으로 나와서 자기 전에 읽으면 잠도 잘 와요.
엄청 두꺼워서 다 읽을 수 있을까 싶기도 해요.

하여튼 제 나름대로 읽으면서 저희 구성원들에게도
"《21세기 자본》을 읽은 사람이라면 이 책도 보면 좋겠다,
이 책은 피케티가 직접 쓴 건 아니지만 그의 사상이
영향력이 커서 세계적인 경제학자들이 맞다 틀리다
한마디씩 한 걸 책으로 냈다"라면서
읽어보면 좋겠다고 지나가는 말로 했어요.

"끝까지 다 안 읽어도 된다. 챕터마다 뒤에 두세 페이지로 정리도
잘돼 있다"라고 권하는 거죠.

그러고 질문하는 거예요. "불평등이라는 게 꼭 나쁜 걸까요?"

그러면 "글쎄요. 나쁜 거 아니에요? …그러게, 나쁜지 안 나쁜지 생각 자체를 안 해봤네요"라고 대답하더라고요. 그때 이야기하죠. "이 책은 그런 것들도 다루고 있어요"라고요. 이런 식이에요. 궁금하면 읽어보겠죠.

또 한 가지, 가령 상대가 어떤 고민을 이야기할 때 나도 비슷한 상황에서 이런 책으로부터 도움 받았다고 하면서 자연스레 추천하는 것도 좋아요. 돈에 대해 고민하면 "사실 나도 돈에 대해 잘 몰랐는데 《부자의 그릇》이란 책을 보고 어렴풋이 이해하게 됐다"고 이야기하거나, 일이 뜻대로 안 돼서 힘들어하는 사람에게는 "나도 나름대로 인생의 바닥을 경험한 적이 있는데, 어떤 사람은 아우슈비츠 수용소에 끌려가서 가족까지 다 잃고 간신히 혼자 살아나왔는데, 그때 인생을 어떻게 살아야 하는지 깨닫게 된 내용을 《죽음의 수용소에서》라는 책으로 써냈다. 나도 힘들었던 시간을 보낼 때 이 책을 읽고 내게 일어난 불행을 어떻게 받아들여야 하는지 생각하게 되었다"라는 식으로 책을 추천해주죠. 스타트업 후배들이 마케팅에 대해 고민하면 《모든 비즈니스는 브랜딩이다》,《마케팅 천재가 된 맥스》 등과 같은 책을 추천하기도 하고요.

고민을 듣고 책을 추천하면 여러 가지로 도움이 돼요. 우선 고민하는 분에게 어설픈 내 생각만 전달하는 것보다는 낫고, 나 스스로도 책을 추천하면서 머릿속으로 한 번 더 자연스레 정리가 된다는 점에서요.

어떻게 하면 자녀가 책을 읽게 될까요?

많은 부모들이 자녀가 책을 많이 읽기를 바라죠. 우리 아이에게
어떻게 책 읽는 습관을 가르치면 좋을까요?
자랑같이 들리겠지만(사실 자랑입니다)
저희 가족은 책 읽는 분위기가 어느 정도 돼 있어요.
아이들이 책을 읽게 하는 방법은 역시 서점에 함께 가는 거예요.
서점에 같이 가면 재미있거든요.
요즘 대형 서점은 아동서 코너가 아주 잘돼 있어요.
아이들이 서점에서 실컷 즐기고 구경하다 보면 저절로 사달라고
하는 책이 생겨요. 부모 눈에는 별로일 것 같은 책도 있지만,
그래도 아이가 보고 싶어 하는 책도 사줘야 해요.
저희도 아이에게 디즈니에서 나오는 〈겨울왕국〉 같은 책도
사주면서, 읽히고 싶은 책도 같이 사주거든요.

아이들도 서점에서 읽고 싶은 책을 사는 즐거움을 얻어야 하니까요.
가장 중요한 건 역시 부모들이 책 읽는 모습을 보여주는 거죠.
저는 아이가 책을 잘 안 읽는다면, 부모가 책을 잘 읽고 있는지를
스스로 점검해야 한다고 생각해요. 아이들은 부모를 그대로
보고 배우기 때문이죠. 부모가 책을 읽지 않으면서 아이들에게
책을 보라고 하는 건, 마치 부모가 스마트폰을 보면서
아이에게 스마트폰을 보지 말라고 하는 것과 같은 말이에요.

그다음 중요한 것은 집을 어떻게 꾸미는가예요.
서재가 있으면 좋은데, 꼭 독립된 방이어야 할 필요는 없어요.
요즘은 거실을 서재로 하는 집도 많잖아요.
저희 집도 거실을 책장 중심으로 꾸몄어요.
소파와 책장이 마주보고 있고, TV는 옆면에 있어요.
소파에 앉으면 저절로 책장이 눈에 들어오죠.

아이들이 가장 많이 생활하는 공간에 책을 둬야 읽거든요.
독서의 가장 큰 적은 TV예요. 거실은 가족이 함께
이야기 나누는 곳이지 TV를 보는 곳이 아니에요.
큰 소파가 TV를 향해 있는 대부분의 집 거실 스타일은
어쩌면 가전회사와 가구회사가 만들어놓은 상술일 거예요.
거실에서 가장 비싼 물건이 TV와 소파거든요.
저는 독서습관을 처음 들일 때 거실에 TV를 아예 없애버렸어요.
몇 달 동안 가족들과 버릴까 말까 고민하다 재활용센터에 버리고
오는 길에 어찌나 스스로가 대견하던지 아직도 느낌이 생생해요.
지금은 어느 정도 적응이 되어서 서재와 TV를 같이 두고 있지만요.
아울러 편하고 큰 소파보다는 가족이 함께 책을 읽을 수 있는
큰 테이블을 놓는 것이 좋아요. 그리고 조금 편하게 쉴 수 있는
예쁜 1인용 소파를 몇 개 두면 되죠.
이처럼 거실을 꾸밀 때 TV와 소파가 아니라 책장과

함께 책을 읽고 이야기 나눌 수 있는 큰 테이블을 고려해보세요.
결혼하시는 분은 혼수에서 아예 TV를 제외해보시는 것도
추천드려요.
돈도 덜 들고 좋잖아요. 친구들이 집들이 올 때
우리 부부는 뭔가 다르다고 은근히 자랑도 할 수 있고요.
아, 이때에도 책장을 꾸미는 작은 팁이 있어요. 책을 꽂을 때 책장
앞쪽에 책등이 나란히 오게끔 선을 맞춰서 꽂으면 좋아요. 그러면
책 제목이 한눈에 들어오거든요.
일단 자녀가 책을 가까이 할 수 있는 환경을 만드는 것이 중요해요.

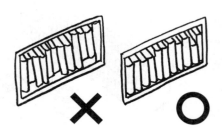

부모가 책을 보지 않으면서
아이에게 책을 보라고 하는 건,
부모가 스마트폰을 보면서
아이에게 스마트폰을
보지 말라고 하는 것과 같다.

놀이하듯 책과 친해지게 하기

저는 큰아이가 초등 2~3학년이 되고서는 거실 책장에서
책 찾기 놀이를 자주 했어요.
한글을 어느 정도 자연스럽게 읽기 시작했을 때부터 했는데요.
주말이나 쉴 때, 숨은그림찾기 하듯 책과 친해지는 놀이예요.
이때 아이들 책을 찾게 하지는 않아요. 평소 눈길도 주지 않던
어른 책 제목을 말하죠. 예를 들어 제가 "《21세기 자본》 찾아봐"
라고 하면 아이가 그 책은 어떻게 생겼냐고 물어요. 그러면
"아주 두껍고 위는 흰색이고 아래는 빨간색이야"라고 말해줘요.
그러면 서재에서 막 찾아요.
그래도 못 찾겠으면 딸이 "힌트 하나만 줘", "어디 옆에 있어?"
하고 묻죠. "아빠가 잘 읽는 경제서적 근처 어디에 있어."
그러면 다시 찾아요. 이런 과정이 재미있어요.

숨은그림찾기 놀이를 하는 것처럼.

아이가 찾아서 꺼내오면 제가 간단히 책 내용을 얘기해줘요.

"한나야, 성실하게 일해서 돈을 버는 것보다 원래 돈 많은 사람이

돈으로 돈을 버는 속도가 훨씬 더 빠르단다. 이 책에는

그런 얘기가 있어. 다 같이 잘 살려면 많이 버는 사람이 세금을

좀 더 많이 내야 되고, 지금은 세금 내는 게 나라별로 다르니까,

전 세계가 똑같이 받는 게 좋을 것 같다는 주장을 하고 있는 책이야."

이런 식으로 이야기해주죠.

아이가 이런 이야기를 다 알아듣느냐고요?

당연히 모르죠. 열 살인데 어떻게 알겠어요.

다른 책이나 빨리 또 찾자고 하죠.

하지만 그런 걸 아빠랑 이야기하던 기억을 남겨주는 거죠.

이제는 아이가 먼저 하자고 하기도 해요.

그렇게 2년 정도 했더니 서점에서 그 책을 알아보더라고요.

아빠 서재에 있는 책이라고요. 아이가 크면 훨씬 더 강하게
기억하겠죠. 아빠가 그런 책에 대해 이야기했고
실제로 읽어보니 이런 내용이 있었다는 걸 떠올리면 책과 조금 더
친하게 지낼 수 있지 않을까요.
어렸을 때 책을 놀이처럼 친근하게 접할 수 있게 해주는 게
좋다는 생각이에요.

아이교육에 동영상이 좋을까요, 독서가 좋을까요?

요즘 아이들은 동영상 콘텐츠로 지식을 습득하는 데
익숙해져 있어요. 책보다는 포털, 포털보다는 유튜브를 찾죠.
웬만한 내용은 모두 동영상에서 쉽게 찾아볼 수 있어요.
글의 시대에서 영상의 시대로 넘어가는, 아니 아이들 관점에서는
이미 넘어가버린 시대에 계속 책읽기를 가르치는 게 도움이 될까요?
저는 필요하다고 생각합니다.
첫째는 추론적 사고방식과 논리력이 증가하고,
둘째는 글 속의 여백을 통해 상상력을 키울 수 있다는 점에서요.

첫째, 추론적 사고방식과 논리력인데요.
여러분이 친구들과 편하게 말을 잘하다가도 리포트나 블로그나
브런치에 글을 쓰려고 하면 술술 써지지 않고 탁 막히죠.

말은 수다 떨듯 마구 할 수 있지만 글을 쓰려고 하면
생각 정리를 해야 합니다. 생각이 정리되지 않으면
글쓰기가 무척 어려워요. 여러분이 읽었던 모든 책은
크든 작든 이런 과정을 거쳐서 나온 것이에요.
추론적 사고는 이미 알려진 정보를 바탕으로 다른 판단을
이끌어내는 것이고, 논리는 말 그대로 논(論)함의 이치를 가리켜요.
말함의 이치, 생각함의 이치, 의논함의 이치를 표현하는 말이죠.
논(論)은 말(言)의 순서를 배운다(侖)는 뜻이고요. 제대로 된 책들을
읽다 보면 자연스레 이런 추론적, 논리적 사고를 배우게 되죠.

둘째, 여백을 통한 상상력 자극이에요.
동영상은 기본적으로 시각적 정보이다 보니 모든 화면을 아주
구체적이고 사실적으로 묘사합니다. 성경에 글로 표현된 지옥과
단테의《신곡》에 삽화로 그려진 지옥은 어떤 차이가 있을까요?

불경에 나온 지옥과 영화 〈신과 함께〉에 나오는 지옥에는
어떤 차이가 있을까요?
감독은 상상력을 발휘해 시각적 정보, 미술작품, 영상물을
만들어내지만, 이것을 본 사람들은 그 틀 안에 갇혀버려요.
아이들일수록 더 심합니다. 미래에는 창의성이 중요하다는데
이 창의성의 중요한 부분이 여백이에요. 글로 써진 표현에는
상상력이 들어갈 수 있는 여백이 많이 존재하는데,
동영상 시각정보는 그런 여백이 별로 없어요.

그렇다고 동영상 보는 것 자체를 반대하는 것은 아니에요.
책으로 읽었을 때의《해리 포터》와 영화 〈해리 포터〉를 비교해볼
수도 있어요. 유발 하라리의《호모 데우스》를 다 읽으려면
몇 주는 걸릴 거예요. 그런데 저자가 우리나라 TV 프로그램에
나와서 강연한 적이 있어요. 저자가 직접 자신의 생각을

설명한 거죠. 이럴 경우에도 책만 읽는 것이 좋을까요?

앞에서 여러 번 강조했지만, 책을 읽는다는 것은
저자가 쓴 글을 읽는 게 아니라 생각을 읽는 거라고 했잖아요.
아이들과는 어느 한쪽을 취하기보다는 책과 동영상을
서로 보조적으로 이용하는 것을 추천해요.
쉽게 번 돈은 쉽게 쓰고, 어렵게 번 돈은 아무래도
어렵게 쓰게 되죠. 지식도 마찬가지라고 생각해요.
동영상은 편하게 지식을 얻을 수 있는 반면,
독서는 조금 불편하고 힘들게 지식을 얻게 되죠.
인간은 편하게 얻은 것과 어렵게 얻은 것 중 어느 것을
잘 기억할 수 있을까요? 물론 후자입니다. 하지만 저는 두 가지 모두
병행하는 것을 추천합니다. 아이가 인라인 타는 방법이나
아이돌 댄스를 배울 때에는 책보다는 동영상이 당연히 더 좋겠죠.
상황에 맞춰 함께 사용해보시면 좋겠어요.

아이에게 책 읽는 자신감 심어주기

아이가 책을 가까이 접하도록 거실을 서재처럼 만들고, 친하게 지낼
수 있도록 했다면 다음 단계로 슬슬 넘어가 보세요.
글밥이 아주 많은 책을 억지로 읽게 하는 것이죠.
책 읽는 훈련법을 소개할 때에도 이해되지 않더라도 두꺼운 책을
한 번 완독하는 것만으로 성취감을 느낄 수 있다고 했죠.
이런 관점에서 접근하면 좋을 것 같아요.
다만 아이들에게는 또 다른 강한 동기가 있어야 하죠.
큰아이가 5학년 때 방탄소년단을 좋아해서 포토 앨범을
갖고 싶어 했는데, 자기 용돈으로는 어림없는 금액이었어요.
그래서 아이에게 당시 서점에서 가장 두꺼운 책 중 하나였던
《총, 균, 쇠》를 다 읽으면 그걸 사주겠다고 했더니
방학 동안 읽어내더라고요. 읽는 중간중간 이해가 안 된다,

지루하다, 못 읽겠다고 계속 투정을 부렸지만
한 단락 한 단락씩 계획을 잡고 읽어나가게 했죠.
이때 엄마나 아빠가 같은 책을 한 권 더 사서 함께 읽어나가면
좋아요. 마라톤의 러닝메이트 역할을 하는 거죠.
처음부터 너무 두꺼운 책으로 도전하지는 마시고요.
《해리 포터》같이 그림이 없는 소설책 한 권을 읽은 다음에
시도해보면 좋아요. 《해리 포터》는 영화를 함께 보고 소설로도
읽게 하면 자연스레 읽어낼 수 있어요. 영화 속 이야기와 소설 속
이야기의 차이점을 찾아내면 더 재미있게 읽을 수 있죠.

앞에서도 말했지만, 어차피 내용은 다 기억 못해요. 그런데도
읽히는 이유가 있어요.
아이들에게는 어려운 책을 끝까지 읽었다는 자기만족감이
중요하거든요.

"한나야, 네 나이에 이 책을 읽은 사람은 없을 거야. 더 놀라운 건 아빠 같은 어른들도 이 책을 끝까지 다 읽은 사람은 많지 않다는 거야. 아빠는 한나가 정말 대단하다고 생각해."
이렇게 한 번 벽을 깨주면 그다음부터 달라져요. 어마어마하게 두꺼운 책을 처음부터 끝까지 읽었다는 자신감에 다음에 어려운 책이 나와도 덤벼볼 수 있는 거죠.
이후 딸과 함께 《니코마코스 윤리학》, 《앵무새 죽이기》, 《오만과 편견》, 소크라테스 대화편 일부, 다산 정약용 관련 책, 《로마인 이야기》 등을 함께 읽어나갔어요.
이해를 다 못하고 읽은 게 읽은 거냐고요?
앞에서 이야기한 것처럼 지식의 거름망을 촘촘하게 하는 과정이라고 생각해야 해요. 아직은 지식의 거름망이 엉성해서 금세 새어나가지만 꾸준히 읽다 보면 촘촘해져서 하나씩 이해하게 될 거라 믿어요.

어쩌면 이런 질문을 하고 싶은 학부모님도 계실 거예요.

'그래서 아이 성적이 많이 올랐나요?'

'다른 아이들보다 배려심이 깊고 행복하게 잘 지내나요?'

답을 드리자면 '전혀 그렇지 않아요'예요. 다른 아이들보다
공부를 더 잘하지도, 어른스러운 생각을 하지도 않아요.
여느 평범한 십대소녀와 같아요.

머리말에도 썼듯이 저는 이렇게 생각해요. 책을 많이 읽는다고
다 잘 사는 것은 아니에요. 물질적인 성공을 꿈꾼다면 가장 확실한
방법은 재벌 자식으로 태어나는 거예요. 하지만 인간은
이런 운명을 정할 수 있는 힘을 가지고 있지 않잖아요.

인간이 자식을 훌륭하게 행복하게 잘 살게 교육할 수 없다는 것은
역사적으로도 증명되었죠. 수많은 왕과 권력자, 부자들이
자식들이 잘 살도록 수많은 교육을 시켰지만
결과가 다 좋지는 않았잖아요. 또 전쟁이 나거나

자동차 사고가 나거나 갑자기 병에 걸린다거나 하는 일들은 우리가 통제할 수 없는 영역이에요.

하지만 책을 통해 생각의 근육을 키우면 정해진 운명보다는 조금 더 잘 살 수 있거나, 그 안에서도 행복하게 살 수 있는 방법을 찾을 수 있다고 생각하는 거죠. 자식의 운명을 바꿀 수 있는 힘을 가지고 있지는 않으니, 그저 좀 더 잘 살기를 바라는 마음이겠죠.

부록에서《인간의 품격》이란 책을 소개하고 있는데요. 부모님이라면 함께 읽어봤으면 해요.

김봉진의

도끼 같은

책

추천도서

안 읽어도 되지만,
안 읽으면 손해인

부록

책 읽는 방법을 알려주는 책들이 추천도서를 소개할 때면 항상
제목과 저자명만 목록으로 보여줘서 아쉬웠어요. 왜 추천하는지,
무엇을 느꼈는지 등도 궁금했거든요. 그래서 제 생각을 깨준
도끼 같은 책 31권을 소개하면서 나름의 느낀 점과 추천 포인트도
소개해드릴까 해요.

소개글 중에는 저자가 쓴 의도를 깊이 이해하지 못한 것들도
많을 거예요. 디자이너이고, 회사를 경영하고, 두 딸의 아빠로서
좀 더 와 닿은 책과 문구들이 있었을 테니까요. 독서는 저자와
독자의 대화인 만큼 제가 처한 상황에서 좀 더 제게 깊이 있게
다가온 부분이라고 이해해주세요.

다만 여러 책을 읽을 수 있도록 흥미를 주려 노력했어요. 말 그대로
'부록'이니 다 읽지 않아도 되고, 대강 훑어보다가 맘에 드는
대목이 있으면 읽어보시고, 좀 더 관심이 가면 책을 사서 읽어보며
책 속의 여행을 떠나시길 바랄게요.

1. 물 흐르듯 쉬운《논어》해설

논어의 말

논어의 말
나가오 다케시 지음, 유가영 옮김, 삼호미디어

책의 궁극으로 서양은《국가》, 동양은《논어》를 많이 꼽아요. 각각 소크라테스의 사상을 제자 플라톤이, 그리고 공자의 사상을 공자의 제자들이 정리한 것이죠.

이 책에는《논어》의 핵심이 아주 읽기 쉽게 정리돼 있어서 입문서로 추천해요.《논어》를 다룬 책만 10권 이상 갖고 있는데, 그중《논어의 말》이 서너 권은 될 거예요. 그런데 각각의 책에 접어놓은 부분이 다 달라요. 읽을 때마다 제게 말을 거는 부분이 달랐다는 뜻이죠. 고전이 오랫동안 살아남을 수 있는 힘이 실감되죠.

누구나 알다시피《논어》는 군자의 삶이 어떠해야 하는지, 나라를 어떻게 경영해야 하는지를 다루고 있어요. 핵심 개념은 '인(仁)'이고요. 진정으로 아는 사람은 확실히 아는 것만 안다고 말한다고 하죠. 제멋대로 굴지 않는 것이 군자의 첫걸음이라는 내용도 있고요.

그런가 하면 삶의 위안이 되는 내용도 있어요. "아무리 열심히 노력해

知之爲知之, 不知爲不知, 是知也.
"제대로 알지 못하면서 어설픈 기억이나 엿들은 풍월로 다른
 이에게 이야기를 전하다 보면 '나는 이 일에 대해 잘 알고 있다'고
 착각하게 된다.
 확실히 알고 있는 것만 '안다'고 자각하고 그렇지 않은 것은
'모른다'고 인정하라. 이와 같이 깨어 있는 사람이 진정으로 알고
 있는 사람이다."

도 인정받지 못하는 경우가 있다, 그럴지라도 분노와 원한을 품지 말
고 비굴해지지 않으며 담대히 자신의 길을 걸어가는 것이 진정한 군
자…" 이런 내용이 나와요.
군자의 도를 다루는 만큼 리더십에 대해서도 알려주죠. "리더의 통솔
이란 자신을 정의롭게 하는 것이다." 리더가 바른 길을 걸으면 그를 따
르는 사람들도 자연히 바른 길을 향하게 된다고 해요. 바꾸어 말해
조직이 잘 통합되지 않는 까닭은 리더에게 정의로운 마음이 부족하기
때문이라는 거죠. 어떻게 보면 삶을 바르게 사는 방도를 다룬, 자기계
발서의 원전이라 할 수 있어요.

물론 쉽게 해설한 책이어서 문제점이 없진 않아요. 깊은 뜻까지 다 이
해하긴 어려울 수도 있어요. 하지만 한자는 기본적으로 표의문자이기
때문에 그 의미를 완벽하게 해석하긴 어렵다고 봐요. 그래서 다양한

관점을 지닌 여러 저자들의 책을 읽는 게 중요한 것 같고요. 또 한 번에 다 읽지 말고 옆에 두고 그때그때 읽는 게 좋아요. 누군가에게 상처 받았거나 큰일을 결정해야 하거나, 괜히 마음이 안 좋거나, 아침에 일어났는데 책을 한 구절이라도 읽고 싶을 때 보면 좋은 책이에요. 사이즈도 작아서 가지고 다니기도 좋아요.

공자의 일생을 알고 읽으면 더 이해가 깊어질 텐데요,《공자와 논어》(이지청 외, 돋을새김)는 공자의 일생을 만화로 그린 책이에요.

《논어의 말》을 통해 공자의 사상에 빠져보세요. 2000년 이상 살아남은 책의 힘을 느낄 수 있을 거예요.

Point | **읽기 쉬워요. 책이 작고 두껍지 않아요.**

2. 스스로가 작다고 느껴질 때

바람이 되고 싶었던 아이

바람이 되고 싶었던 아이, 테오의 13일
로렌차 젠틸레 지음, 천지은 옮김, 열린책들

1988년생 신예작가의 작품이어서 그런지 이 책을 읽은 분들이 많지는 않아요. 아내가 찾아낸 책인데 재미있어서 단숨에 읽었던 기억이 나요. 테오라는 여덟 살짜리 아이가 주인공인데, 하루는 이 어린아이가 구글에 '자살'이라는 단어를 검색해요. 나폴레옹을 만나고 싶어서예요. 이미 죽은 나폴레옹을 만나려면 자기도 죽어야 하기 때문이죠. 나폴레옹은 워털루 전투 외에는 져본 적이 없는 사람인데, 이 아이는 싸움에서 지지 않는 법을 알고 싶었던 거예요. 매일같이 싸우지만 어느 쪽도 확실히 이기지 못하는 부모님을 보면서 나폴레옹을 만나고 싶어졌고, 그 과정을 담은 이야기죠.

아이의 눈으로 쓰였지만 철학적인 이야기들이 담겨 있어요. 가령 착한 사람과 나쁜 사람의 정의 같은 것. 그런가 하면 이런 이야기도 나와요. 사람은 각자 번호가 있어서 '5'를 가진 누군가가 죽으면 '-5'가 된대요. 사실 누구나 숫자로 이야기하지만 마이너스는 보이지 않는 숫자죠. -5란 보이지 않는 것인데 우리는 어떻게 보이지 않고 존재하지 않는 것을 믿을 수 있을까에 대한 질문들….

이런 철학적인 질문 끝에 싸움에서 지지 않는 방법을 알려줘요. 마침내 나폴레옹을 만난 테오가 비결을 묻죠.

"비결?"

"이기는 비결 말이에요."

그는 마치 내가 우리 교실 벽에 걸린 지도라도 되는 것처럼 빤히

관찰하더니 대답했다.

"비결은 무슨 일이 있어도 스스로를 너무 작은 존재라고 생각하지 않는 거야."

"그것뿐이에요?"

"인생에서 필요한 건 그것뿐이야. 항상 스스로 대단한 사람이라고

"착한 사람과 나쁜 사람은 정확히 어떤 사람을 말하는 거지?
줄리아는 친구들이 자기 공책을 베끼지 못하게 한다. 그러면
선생님 말씀을 잘 따랐으니 착한 아이일까? 아니면 친구들을
도와주지 않았으니 나쁜 아이일까? 또 수지 아줌마처럼 자기
자식이 아닌 다른 집 아이들을 돌보는 가정부가 돈을 벌어서
집에 보내면 착한 사람일까, 아니면 자기 가족들과 멀리 떨어져
지내니까 나쁜 사람일까?"

생각하는 거지."

제가 이 책을 읽을 때 힘든 경쟁을 하고 있었어요. 저희 경쟁사는 외
국계 회사였고 자본도 많은 곳이라 굉장히 두려웠거든요. 그때 저에
게 많은 힘이 된 책이에요. 지치고 힘들어하는 친구들에게 용기를 주
고 싶을 때 선물하기도 해요. 스스로를 작다고 생각할 때가 많잖아요.
싸워보기도 전에.
과거 미국이 영국으로부터 독립하고 나서도 정신적으로는 독립하지
못한 시기에 자신을 신뢰하고 자기다움을 강조했던 미국의 철학자이
자 시인 랠프 왈도 에머슨의 《자기신뢰》(창해)의 핵심주제와도 맞닿
아 있는 책이에요. 인생을 살면서 용기를 준다는 점에서요.

Point | 읽기 쉽고 분량도 적어요. 《어린왕자》, 《좀머 씨 이야기》 같은 어른을 위한 동화예요.

3. 진정한 지혜란 내가 모르고 있다는 사실을 아는 것

소크라테스의 변명

소크라테스의 변명
플라톤 지음, 강철웅 옮김, EJB

소크라테스의《국가》는 두껍고 읽기도 어려워요. 그래도 반드시 읽었으면 좋겠다는 책 중 하나예요.《국가》에 필적할 만한 책이 바로《소크라테스의 변명》(또는《소크라테스의 변론》)이에요. 이 책은 얇아서 주석을 빼면 60~70쪽 정도밖에 안 돼요. 가볍게 읽기 좋고 주니어클래식에서 나온 해설서도 있어요. 어려운 책을 읽을 때는 청소년용이나 만화 등으로 나온 걸 함께 보면 좋다고 했잖아요.

이 책은 두 가지 관점에서 제게 큰 울림을 줬어요. 첫 번째는 '지혜란 무엇인가'이고, 둘째는 '죽음보다 더 중요한 것은 무엇인가'에 대한 질문을 던져요.

소크라테스가 법정에 서서 자기변호를 해요. 젊은이들을 현혹시키고 국가를 어지럽게 한다는 죄목으로 재판정에 서서 자기변론을 하게 되죠. '세상에서 가장 지혜로운 사람은 소크라테스'라는 신탁이 있었대요. 여기에 의구심을 갖게 된 소크라테스가 많은 사람을 만나는데,

"'자신보다 더 지혜로운 사람은 없다'는 신탁의 의미를 밝히기 위해
소크라테스는 시인, 기술자 등 지혜로워 보이는 사람들을
찾아다닌다. 소크라테스의 기나긴 탐색을 계속 따라가 보자.
그러다 보면 '모른다는 사실을 안다'는 소크라테스의 별것 아닌
지혜가 왜 위대한지를 깨닫게 될 것이다."
-《소크라테스의 변명, 진리를 위해 죽다》

이 과정이 재미있어요. 정치가도 만나고 시인도 만나고 기술자도 만
나는데, 이들과 대화하고 깨닫는 게 있어요.
'아, 이 사람들은 자신이 아는 지식으로만 세상을 이해하려 하는구나.'
그러면서 세상에서 가장 지혜로운 것은 무지(無知)를 깨닫는 지혜임
을 알게 되죠. 이것은 공자의 생각 즉 "아는 것을 안다고 하고 모르는
것을 모른다고 말하는 것이 진정 아는 것이다"라는 말과도 통해요.
이 말을 공자가 했고, 소크라테스가 했고, 그의 영향을 많이 받은 존
스튜어트 밀도 했죠. 제가 저자와 시대정신, 세계정신을 연결해서 책
을 읽어야 한다고 말하는 이유가 이런 부분 때문이에요. 사상들이 계
속 연결되니까요.
또한 이 책은 죽음보다 더 중요한 것이 무엇인지에 대해서도 말해요.
사실 소크라테스는 죽지 않기 위해 자신을 변론할 수도 있었는데 지
혜를 위해, 탁월함을 위해 죽음을 택하잖아요. 그 결과 역사상 가장

지혜로운 사람 중 하나가 된 거죠.

부담스럽지 않은 분량이니 이해가 안 되더라도 일단 한 번 쭉 읽기를 추천해요. **《소크라테스의 변명, 진리를 위해 죽다》(안광복, 사계절)** 같은 해설서를 같이 보거나 인터넷에서 관련 글들을 검색해보는 것도 좋고요.

《소크라테스의 변명》은 당연히 《국가》와도 연결돼 있어요. 《국가》는 '철인정치'라고 해서, 철학하는 사람들이 나라를 다스려야 한다고 하잖아요. 철학이란 지혜를 사랑하는 것이고, 지혜란 자신의 무지를 깨닫는 것이죠. 그렇게 《국가》에서부터 연결되는 메시지로 볼 때, 진정한 리더는 자신의 무지를 깨닫는 사람이라고 생각해요.

Point | **얇지만 내용은 어려워요. 해설서나 인터넷 리뷰를 함께 보며 읽으면 도움이 돼요.**

4. 탁월한 생각법을 배운다

메논

메논
플라톤 지음, 이상인 옮김, EJB

이 책은 소크라테스의 대화편 중 하나로, 메논이라는 청년과 대화하는 내용이에요. 대화편은 그 안에 담긴 메시지도 중요하지만, 그걸 펼쳐나가는 논증방식, 서술방식이 굉장히 중요해요.

메논이라는 청년이 물어요. "탁월함은 가르칠 수 있습니까?"

이에 소크라테스는 탁월함이란 무엇이고, 교육이란 무엇인지에 대해 하나씩 풀어가요.

소크라테스의 대화편은 결론이 한 문장으로 떨어지는 게 아니라 열려 있어요. 이럴 경우에는 이렇고 저럴 경우에는 저렇고, 그걸 계속 질문하거든요. 탁월함의 정의를 살펴본 후 교육할 수 있는 게 무엇인지 다시 논증을 펼쳐요. '교육이라는 것은 교사, 가르치는 사람이 있어야 한다. 탁월함은 가르치는 교사가 없다. 이는 곧 탁월함은 가르칠 수 없다는 것이다'라는 결론을 논증으로 밝혀내죠.

이 책에는 교육받고 준비하는 것도 중요하지만 탁월함이 발현되는 그 순간은 신의 선택이 있어야 한다는 구절이 있어요. 저는 이 대목에서 모두가 노력한다고 누구나 성공하지는 못한다는 걸 다시 한 번 알게 되었죠. 하지만 반대로 아무런 준비 없이 신의 선택만 있다고 성공할 수 있을까요? 자신이 준비한 후에 신의 선택이 뒤따라야겠죠.

간디나 링컨 대통령 등 우리가 탁월하다고 여기는 인물들은 하나같이 중요한 일을 결정하는 순간 혹은 사건에 처하게 돼요. 간디는 남아프리카에 변론하러 갔다가 인도인이라는 이유로 차별당하고, 그 후 자신이 어떻게 살아야 할지 결정하잖아요. 링컨도 흑인 노예들의 비참한 실상을 본 후 결국 남북전쟁을 불사하게 되죠.

우리에게 신의 선택이나 인생을 바꿀 만한 사건이 생길 수도 있고 아닐 수도 있어요. 하지만 중요한 건 준비된 자에게 기회가 온다는 거예요. 저는 이렇게 이해했는데, 다른 관점에서 보는 분도 계실 거예요.

이 책에 나오는 가설과 검증과 반박, 추론적 사고방식은 일할 때 의사

"탁월함은 누구든 그것이 생기는 사람에게 신적인 섭리에 의해
생기는 것으로 우리에겐 보이네. 그러나 탁월함이 사람들에게
어떤 방식으로 생기는가에 앞서 먼저 탁월함 그 자체가 그 자체에
있어서 도대체 무엇인가를 탐구하도록 노력할 때 비로소 그것에
관해 확실한 것을 알게 될 걸세."

결정하거나 회의에서 뭔가 도출해갈 때에도 유용하게 활용할 수 있어
요. 그러니 너무 어렵게만 읽지는 않았으면 좋겠어요. 책이 두껍지 않
으니 도전해볼 만하고, 관련 블로그나 기사, 유튜브 영상을 함께 봐도
좋아요.

Point | **책은 얇아요. 읽기는 어렵지만 느끼는 점은 많아요.**

5. 역사를 보는 균형감각을 주는 책

역사란
무엇인가?

역사란 무엇인가?
E.H. 카 지음, 이화승 옮김, 베이직북스

영화 〈변호인〉에 나오는 불온서적이 바로 이 책이에요. 영화에서 야학하던 학생들이 불온서적을 읽는다고 추궁당하잖아요. 실제로 저자인 에드워드 헬릿 카는 소련사나 볼셰비키 혁명 등에 관한 책을 써서 좌파적 성향의 학자로 이야기되기도 하죠. 저는 이 책을 인문분야 추천도서 목록에서 보고 읽었어요. 역사가 정말 중요하다고 말하면서도 정작 역사를 어떻게 바라볼 것인가에 대해서는 생각해본 적이 많지 않잖아요. 이 책은 그런 생각을 정리할 수 있는 책이에요.

특히 저자는 역사를 쓰는 사람, 역사가가 중요하다고 말해요. 역사는 사람에 의해 쓰여지므로 주관이 들어갈 수밖에 없다는 거죠. 역사를 정리해서 쓸 때 어떤 사실을 취하고 버릴지 결정하는데, 이때 역사가에게 영향을 미칠 수밖에 없는 게 '시대적 상황'이라고 해요. 과거에 수많은 일들이 있었는데 우리가 '특정한 역사'만 이야기하는 건 지금 우리에게 그게 중요하기 때문이라는 거죠.

174

"역사가와 역사상의 사실은 서로 필요한 것이다. 사실을 소유하지 못한 역사가는 뿌리도 없고 열매도 맺지 않는다. 역사가가 없는 사실은 반대로 생명도 없다. 여기서 역사란 무엇인가에 대한 내 첫 대답을 하겠다. 역사란 역사가와 사실 사이의 부단한 상호작용의 과정이며, 현재와 과거 사이의 끊임없는 대화이다."

그런데 역사는 시간이 흐를수록 권위를 갖게 되고, 우리도 역사를 그대로 믿어버려요. 하지만 그대로 믿지 말고 그 역사가가 어떤 시대를 살았고 어떤 사상을 갖고 있었는지, 그 역사가 왜 지금 우리에게 중요하다고 이야기되는지를 자꾸 생각해야 한다는 거예요. 그런 점에서 이 책은 균형을 잡는 데 도움이 돼요.

이를테면《사기》는 동양사 분야에서 매우 권위 있는 책인데, 실상 사마천은 자신이 살았던 시대보다 훨씬 오래전 사실을 몇몇 사료를 바탕으로 썼어요. 그런 만큼 책 내용이 다 맞을지 질문해보면 현실적으로 한계가 있겠죠. 다만《사기》를 쓸 당시의 시대정신을 미루어 짐작할 수는 있어요.《사기》에는 바른 군주에 대한 언급이 무척 많은 반면 백성들의 이야기는 비교적 적죠. 그때는 봉건제, 왕정이었기 때문에 왕을 중심으로 역사를 바라볼 수밖에 없었겠죠.

《역사란 무엇인가?》는 기본서로 읽으면 좋아요. 많은 저자들이 책을 쓸 때 과거의 역사를 인용하고 현재는 이러하니 미래가 어떻게 될 거라는 결론을 도출하는데, 이때 저자들의 관점을 엿볼 수 있어요. 그런 눈을 키워준다는 점에서 이 책이 더욱더 중요하다고 느끼고요. 일상생활에서 자신의 주장을 전개할 때도 도움이 되는 교양서예요.

이 책과 헤겔의 《역사철학강의》(동서문화사)를 같이 읽으면 좋은데요. 너무 어려워서 저도 다 못 읽었어요. 다만 주된 내용만 대강 아는데, 그중 하나는 세계는 한 명의 영웅에 의해서가 아니라 시대정신과 세계정신의 흐름에 따라 움직인다는 거예요. 과거의 역사는 인물 중심이었지만 최근에는 시대정신과 세계정신으로 역사를 바라보죠. 과거의 역사를 이야기할 때 개인사와 시대적 배경을 동시에 이해하는 게 중요하다고 생각해요.

Point │ **적당한 분량. 기본 교양서로 읽어두면 좋아요.**

6. 내 말이 맞는데, 네 말도 맞다고?!

바른 마음

바른 마음 : 나의 옳음과 그들의 옳음은 왜 다른가
조너선 하이트 지음, 왕수민 옮김, 웅진지식하우스

서점에서 우연히 발견한 책인데, 정말 재미있게 읽었어요. 책을 읽기전에, 먼저 이 질문에 대답해보세요. '나의 정치관은 진보적인가, 보수적인가?' 이걸 한 번 생각해보고 읽으면 굉장히 재미있어요. 살다 보면 '분명 내가 옳고 정의로운데 왜 저들도 정의롭고 옳다고 우기는 거지?'라고 의문이 들 때가 있잖아요. 그것에 관한 책이에요.

이 책은 도덕은 어떤 기준을 갖고 있는지를 다뤄요. 미각에 짠맛, 단맛, 신맛 등 맛을 측정하는 기준이 있듯이 도덕에도 측정할 수 있는 5가지 기준이 있다고 하죠. 배려, 공평성, 충성심, 권위, 고귀함이 그것인데요. 이 중 진보적 성향의 사람들은 배려와 공평성에 치중되어 있고, 보수적인 사람들은 5가지에 골고루 관심을 갖는다고 해요.

다음은 이 책의 핵심적인 부분이에요.

" 상대편을 이해하고 싶다면 그쪽에서 신성시하는 것을 따라가 보면 된다. 그러려면 첫걸음으로 여섯 가지의 도덕성 기반을 떠올려보고, 그중 해당 논쟁에서 가장 중시되고 있는 기반 한두 개를 찾아낸다. 더불어 여러분이 진정 마음을 열고 싶다면 머리가 아닌 가슴을 먼저 열어야 한다. '상대편'의 누구와 한 번이라도 우정 어린 만남을 갖고 나면, 어느덧 상대편의 말에 귀 기울이기가 훨씬 쉬워졌음을 알 수 있게 될 테고, 그러면 심지어 논쟁거리를 전혀 새로운 차원에서 바라보는 수도 있다."

실제로 서로 의견대립이 있을 때, 한 번만 만나서 이야기해도 충분히 해결되는 경우가 적지 않아요. 저는 생각이 다른 사람들을 이해하는 데 이 말이 무엇보다 큰 도움이 됐어요. '아, 이렇게도 생각할 수 있구나'라는 마음이 들게 한 책이에요. 그리고 늘 쉽지는 않지만 그들이 신성시하는 그것이 무엇인지 한 번 더 생각해보려 하죠.

"도덕은 사람들을 뭉치게도 하고 눈멀게도 한다. (…) 사람이면 누구나 부족과 같은 도덕 공동체 속에 빨려 들어가게 되어 있다. 그리고 그곳에 들어가서는 신성한 가치를 빙 둘러싸고 다 같이 힘을 합쳐 왜 우리가 백번 옳고 저들은 백번 그른지 사후 논변을 지어낸다. 그러면서 상대방은 눈이 멀어 진실·합리성·과학·상식을 못 본다고 여긴다. 그러나 알고 보면 신성한 대상을 이야기하는 순간 눈이 멀기는 모두가 마찬가지이다."

하버드대 교수 조슈아 그린의 《옳고 그름》(시공사)이란 책도 함께 보면 좋아요. 《바른 마음》에서는 진보와 보수가 한 번 만나서 서로 생각을 나눠보는 것만으로 도움이 된다고 하는데, 《옳고 그름》에서는 진보와 보수 중 무엇을 선택하는 게 세상의 발전에 이로운지를 다뤄요. 이런 책들을 읽으면서 맞다, 틀리다 결론을 내릴 수는 없어요. 한 권의 책을 읽은 걸로 끝낼 게 아니라, 담긴 내용이 마음에 들었다면 논지를 발전시킨 책과 반론하는 책은 무엇이 있는지 찾아서 그런 생각들을 계속 알아가는 게 중요하다고 보거든요. 어떤 책도 완벽한 진실, 정답을 담은 건 없으니까요.

Point | 두꺼워요. TED 동영상을 함께 보면 도움이 돼요.

7. 부는 왜 불평등한가?

21세기 자본

21세기 자본
토마 피케티 지음, 장경덕 외 옮김, 글항아리

이 책은 출간 당시 엄청난 파장을 일으켰는데, 두껍고 어려워서 막상 읽기는 쉽지 않아요. 저도 완벽하게 다 읽지는 못하고, 신문기사나 서평 등을 참조하면서 핵심적인 부분 위주로 읽었어요. 《**만화로 읽는 피케티의 21세기 자본**》(**야마가타 히로오, 스타북스**)이란 책이 읽기 쉬워요. 주인공 여자아이가 카페에서 일하면서 실제 돈을 버는 관점에 대해 이야기하는 구성이에요.

이전 세대보다 부의 불평등이 더욱 심화됐다고 하지만, 피케티는 역사적으로도 인류는 원래 불평등했다고 말해요. 과거에도 소수의 왕, 귀족, 제사장, 군인들이 부를 독점했고 부가 한번 커지면 이후 더 불평등해졌다는 거죠. 그러다 전쟁이나 혁명 등으로 사회구조가 극단적으로 변화되었을 때 부가 재조정되는데요. 2차 대전 이후 이런 사건이 크게 없어서 오늘날 부가 더 불평등해지는 것처럼 보이지만 원래 부의 속성이 그렇다는 것이죠.

"내가 r>g라는 부등식으로 표현할 이 근본적인 불평등은 이 책에서 결정적인 역할을 할 것이다.(여기서 r은 연평균 자본수익률을 뜻하며, 자본에서 얻는 이윤, 배당금, 이자, 임대료, 기타 소득을 자본총액에 대한 비율로 나타낸 것이다. 그리고 g는 경제성장률, 즉 소득이나 생산의 연간 증가율을 의미한다.)"

불평등의 이유는, 한마디로 돈이 돈을 버는 속도가 노동이 돈을 버는 속도보다 빠르기 때문이죠. 다 아는 사실이지만 'R>G'공식으로 정리해놓으면 그다음부터 다양한 질문과 아이디어가 나올 수 있어요. 이 문제를 어떻게 해결할 수 있을까요? 저자는 전 세계적으로 세금을 같이 내야 한다고 말해요. 그것도 많이 버는 사람들이 세금을 더 많이 내는 누진세로요. 조세피난처를 없애야 한다고도 주장하죠.
이 책과 같이 읽으면 좋은 책은 우선 마르크스의 《**자본**》이에요. 《21세기 자본》이 마르크스의 《자본》에서 따온 것이니까요. 이 저작도 읽기 쉽지는 않지만 도전해보면 좋겠어요. 특히 젊은 친구들이 내가 왜 불합리한 시대에 살고 있는지 더 알고 싶을 때 좋을 것 같아요.
헨리 조지의 《**진보와 빈곤**》도 추천해요. '세상은 진보하는데 왜 빈곤은 줄어들지 않는가'를 다룬 책인데요. 헨리 조지는 그 이유가 부동산 때문이라고 말해요. 토지, 노동, 자본이 생산의 3대 요소잖아요.

자본은 이자를 낳고 노동은 임금을 낳고 토지는 지대(임대료)를 낳는데, 생산력이 늘어나도 이자와 임금은 크게 늘어나지 않는 반면 지대만 크게 오른다는 문제를 지적하죠. 지금 일어나는 젠트리피케이션(gentrification)을 이해하는 데 도움이 돼요. 내가 왜 열심히 일해도 부동산 가격 상승을 따라잡지 못하는지를 100여 년 전에 밝혀낸 거죠.

한편으로 《애프터 피케티》도 함께 읽으면 좋을 것 같아요. 《21세기 자본》의 영향력이 워낙 강력하다 보니 세계 경제학자들이 이 주제로 각자의 생각을 담은 책이에요.

완독하기에 어려움이 많지만 애덤 스미스의 《국부론》, 마르크스의 《자본》 그리고 토마 피케티의 《21세기 자본》으로 우리를 둘러싼 경제구조가 어떻게 만들어졌고 변화하는지를 공부해보면 좋겠어요.

Point | **두껍고 어려운 책이지만 관련 뉴스나 서평이 많아요.**

8. 내게 정말 필요한 사람은

이반 일리치의
죽음

이반 일리치의 죽음
레프 톨스토이 지음, 이순영 옮김, 문예출판사

소크라테스를 좋아하듯이 제가 좋아하는 작가는 톨스토이예요. 인문 고전 분야 추천도서에서 찾은 작품인데, 정말 감명 깊게 읽었어요. 톨스토이의 작품이 대부분 인생의 참된 가치, 삶과 죽음, 사랑 등에 대해 이야기하잖아요. 저는 죽음이라는 것, 행복한 죽음이라는 게 무엇인지 가끔 생각해요. 사람이 잘 산다는 것이 어떤 의미인지 잘 모르겠지만, 잘 살려면 죽음에 대해 생각해야 하는 것 같아서요.

율리우스 카이사르와 같은 '갑작스런 죽음'이 좋은 죽음일까? 세상을 혁신한 스티브 잡스는 죽음 앞에서 어떤 생각을 했을까? 죽음에 대해 생각하는 사람, 어떠한 죽음을 맞을 것인지 생각하는 사람은 그래도 좀 더 행복하고 탁월한 삶을 살 수 있을 것 같아요.《소크라테스의 변명》에서 소크라테스가 죽음보다 진리를 택한 것처럼요.

소설 속 이반 일리치는 판사예요. 사회적으로 성공한 사람이죠. 그런데 어느 날 시한부 선고를 받아요. 그런데 자신은 죽음을 선고받고 꿩

장히 슬퍼하고 좌절하는데 주변 사람들을 보니 그렇지 않은 거예요. 처음에는 슬퍼해주는 것 같았는데 알고 보니 자신의 판사 자리를 탐내는 사람도 있고요. 그 모습을 보면서 자신이 제대로 살았던 걸까 돌아보니 화도 나고 억울함도 느껴요.

그런데 한 사람, 아들만은 진심으로 슬퍼하며 손잡고 눈물을 흘려요. 그때 비로소 이반 일리치는 모든 걸 용서해요.

진짜 나에게 필요한 사람은 내가 죽을 때 나를 위해 진정으로 슬퍼해주고 눈물 흘려줄 사람이 아닌가, 싶어요. 저세상에 뭔가 가져갈 수 있는 것도 아니잖아요.

그런 면에서 이 작품은 제 삶에 정말 큰 영향이랄까, 의미를 느끼게 해주었어요. 만약 갑자기 병에 걸려 한 달 뒤에 죽는다고 하면 제 인생을 그대로 평가받을 거잖아요. 그때까지 성공과 돈만 쫓은 것과, 누군가에게 정말 필요한 사람으로 산 것, 전혀 다른 결과가 나오겠죠. 후

"아들이 그 손을 잡아 자기 입술에 대고는 울음을 터뜨렸다.
그 순간 이반 일리치는 구멍 속으로 떨어지면서
한 줄기 빛을 보았다. 그리고 비록 자신의 삶이
완전하지 못했다 해도 아직은 바로잡을 수 있다는 걸 알았다."

자라면 저를 위해 진심으로 슬퍼해줄 사람들이 있겠죠. 그리고 내가
죽을 때 곁에는 아내와 아이들이 있을 텐데, 이 소중한 사람들과 추억
할 수 있는 시간을 더 많이 보내야겠다는 당연한 사실을 새삼 느꼈어
요. 톨스토이 단편집들은 분량은 적지만 그 안에 담긴 인생에 대한 교
훈은 깊어요. 이미 학생시절 읽어보았더라도 다시 한 번 읽어보시면
느낌이 또 다를 거예요. 《사람은 무엇으로 사는가》도 같이 읽어보세
요. 사람들의 마음속엔 무엇이 있는지, 우리가 선택할 수 없는 것은
무엇인지, 그리고 사람은 무엇으로 사는지에 관한 책이에요.

Point | 얇고 읽기 편하지만 메시지는 강렬해요.

9. 떨어지면 더 높게 튀어 오르는 공처럼

회복탄력성

회복탄력성 : 시련을 행운으로 바꾸는 유쾌한 비밀
김주환 지음, 위즈덤하우스

회복탄력성이 뭐냐면요. 누구에게나 시련이 닥치는데, 어떤 사람은 유리공처럼 깨져버리는가 하면, 누군가는 고무공처럼 떨어진 위치보다 더 높이 튀어 올라요. 실패로 바닥에 떨어졌을 때 고무공처럼 다시 튀어 오를 수 있는 능력이 바로 회복탄력성이에요. 이 책은 그게 어떻게 만들어지는가에 대한 이야기예요.

하와이 카우아이 섬에서 태어난 아이들의 삶을 추적 조사한 프로젝트가 있어요. 대가족에서 자란 아이들과 편부모 밑에서 자란 아이들은 사회적응성에서 어떤 편차를 보이는가 등을 연구한 거예요. 편부모 아래서 자란 사람들은 뭔가 바르지 못할 것 같고, 엄마의 사랑을 덜 받은 아이들은 더 공격적일 것 같다는 사회적 편견이 있잖아요. 실제로 예상과 비슷한 결과가 나오긴 했는데, 흥미롭게도 3분의 1은 그렇지 않았어요. 그 이유를 연구했더니 핵심요소가 회복탄력성과 인간관계였다는 거예요. 여기서 톨스토이의《사람은 무엇으로 사는가》

"사랑을 바탕으로 아이는 자신에 대한 사랑과 자아존중심을
길러나가며, 나아가 타인을 배려하고 사랑하고 제대로 된
인간관계를 맺는 능력을 키우게 된다. 그리고 그것이 바로
회복탄력성의 근본임을 카우아이 섬 연구는 알려준다."

와 연결되죠.

"엄마였든 아빠였든 혹은 할머니였든 할아버지였든 삼촌이었든
이모였든, 그 아이를 가까이서 지켜봐주고 무조건적인 사랑을
베풀어서 아이가 언제든 기댈 언덕이 되어줬던 사람이 적어도
한 사람이 있었다는 것이다. 톨스토이 말처럼, 사람은 결국 사랑을
먹고산다는 것이 카우아이 섬의 결론이다."

저는 이 책에서 아이를 어떻게 키워야 하는지에 대한 힌트를 얻었어
요. 저자분이 회사에 와서 강의도 해주셨는데, "아이들을 무조건적으
로 사랑한다고 이야기해라, 밥을 잘 안 먹어도, 공부를 좀 못해도, 스
마트폰만 봐도, 장난만 쳐도 사랑한다고 이야기해라"고 하셨죠.
저희 집 같은 경우 저는 무조건적으로 애들을 사랑해주는 역할을 맡

고, 엄마는 좀 엄하게 대하는 역할을 맡고 있어요. 첫째 한나가 십대가 되니 스트레스를 많이 받을 거 아니에요. 학교에서 힘들면 집에 와서 짜증 내는데 엄마가 마냥 다 받아줄 수는 없었죠. 그럴 때면 제가 주말에 한나랑 단 둘이 카페에 가서 이런저런 이야기를 나눴어요. "아빠는 세상에서 한나를 제일 사랑한다"고 꾸준히 말해주면서 아이가 자칫 더 힘들어질 수도 있었던 시기를 잘 이겨낸 것 같아요.

이 책에는 회복탄력성을 스스로 키우는 방법도 잘 나와 있어요. 구성원들의 자존감을 키워준다는 측면에서 회사에서 읽기에도 좋고요. 《드라이브》(다니엘핑크, 청림출판)를 함께 읽으면 구성원들에게 어떻게 자발적 동기를 발현시킬 수 있는지에 대한 힌트를 얻을 수 있어요. 김주환 교수의 《그릿》(쌤앤파커스)이란 책을 같이 읽어도 좋아요.

Point | **적절한 분량. 부모님들은 꼭 읽어보세요.**

유한계급론

유한계급론
소스타인 베블런 지음, 김성균 옮김, 우물이있는집

'유한계급'이란 단어가 흥미로워서 읽기 시작했고 부자들은 어떻게 생각하고 소비하는지 공부하게 됐던 책이죠.

이 책을 읽고 두 가지 키워드가 강렬하게 남았는데, 하나는 '과시적 소비'라는 단어이고, 또 하나는 그 유명한 '베블런 효과'예요. 가격이 오르는데도 잘 팔리는, 비쌀수록 잘 팔리는 효과를 말해요. 명품처럼요.

이 책은 어떤 결론을 내지는 않아요. 그보다는 '사람들이 왜 돈을 열심히 버는가'라는 질문을 던지는 책이죠. 평범한 사람들은 생계를 위해 돈을 벌지만 유한계급은 돈을 버는 거 자체가 목표죠. 과시하기 위해서 벌죠. 과시하기 위해 소비를 하고요. 기본적으로 부자에 대한 비판적인 시각을 가지고 관찰기 형식으로 쓰여져 있어요.

책 제목의 '유한'은 한가로움이 있다(有閑)는 뜻이에요. 영어 제목은 'The Theory of the Leisure Class', 레저를 즐기는 계급이란 뜻이죠. 유한계급은 왕, 귀족, 종교인 같은 노동하지 않는 사람들이에요. 노동하지 않는다는 사실을 과시하기 위해 손톱이나 머리를 기르고는 생산적이지 않은 일들을 해요. 지금도 한가로움과 여유가 계급의 상징이 됐으니 재미있죠.

그런데 과거와 달리 현대 자본주의 사회에서는 계급을 구분하기 어렵잖아요. 그래서 자기들만의 암호를 만들어요. 예를 들면 명품이 그런데요. 명품을 딱 보면 저게 뭔지 알아야 해요. 이건 언제 출시된 가방이고 가격이 얼마라는 걸 알아보는 거예요. 그렇게 암호화된 것을 알아봄으로써 서로 같은 계급임을 확인하죠. 또 교양 같은 걸로 다른 사람들이 자기 계급 안에 못 들어오게 막기도 해요. 미술작품을 보고 알아보는 것도 자기들끼리 일종의 코드 맞추기죠.

그런 유한계층을 중간계층도 닮고 싶어 해요. 오늘날 우리의 소비문화도 이들을 따라 하잖아요. 해외여행 가고 비싼 물건을 할부로 사서 인스타그램에 올리는 것도 사실 같은 패턴이거든요.

"사람들은
노동이 생산한 재화는 원하지만
재화를 생산하는 노동은
회피하려는 욕구 원리에 따라 행동한다."

전반적으로 부자에 대한 비판적 논조는 있지만, 저자는 누구나 돈이 많아지거나 계급이 올라가면 똑같은 행동을 할 거라는 입장이에요.

"유한계층의 과시적 이미지를 자신에게 대입시키려는 중간계층의 여가활동은 눈물겹다. 주말이면 제대로 쉬지 못한 채 무조건 집을 떠나서 휴가시간을 보내야만 하는 괴로움도 안락과 평화, 자유를 희생하는 일종의 노동행위이다."

이 글이 어찌나 비수처럼 박히던지… 중간계층이 과시적 여가를 위해 발버둥 칠 때마다 유한계층은 저 멀리 신기루처럼 달아난다고 하고 있죠.
하지만 인간본성으로 본다면 인간은 지위를 다투는 경합과 겨루기를 통해 자신을 과시하려는 경쟁본능을 갖고 있다고 하는데요. 여러분이 생각하기엔 어떤가요? 가끔 고전은 뜨끔하게 가슴을 훅 찔러버리죠. 반박할 수 없는… 저는 이런 걸 느꼈지만 관점에 따라 다양한 메시지를 느낄 수 있는 책이에요. 내가 속해 있지 않은 세계의 사람들은 어떤 습성을 갖고 어떤 생각을 하는지 이해하는 계기로 삼으면 좋을 듯해요. 그런 사람들을 통해 어떻게 하면 돈을 벌 수 있는지도 생각해보고요.

Point | **쉬운 책은 아니에요. 해설서를 통해 개념만 한 번 정리해도 좋을 것 같아요.**

11. 창업자라면 필독

승려와
수수께끼

승려와 수수께끼
랜디 코미사 지음, 신철호 옮김, 이콘

스타트업 하시는 분들이 책을 추천해달라고 하면 0순위로 늘 추천하는 책이에요. 장례물품을 온라인에서 판매하겠다는 아이디어로 시작한 창업자가 첫 번째 투자유치를 위해 투자자를 만나 나누는 대화예요. 투자자는 사업을 왜 시작했느냐부터 물어보죠. 이 질문에 답하고, 사업을 추진하는 과정에서 잘못된 방향으로 가기도 하면서 사업의 본질이 무엇인지를 찾아가는 과정을 그렸어요.

"세월을 거치면서 나는 사업이라는 게 돈을 버는 것이 아니라
창의력을 펼치는 것이라는 생각을 갖게 됐다. 회화나 조각처럼 개인의
재능을 표현하는 것이며, 캔버스와 같은 것이라고 말이다. 왜냐하면
사업의 핵심은 변화이기 때문이다. 사업과 관련이 있는 것들 중에서
변하지 않는 것은 없다. 시장은 달라지고 제품은 발전하며 경쟁사는
동지가 되고 직원들은 들어왔다가 나간다."

사업을 이렇게 낭만적이며 적나라하게 표현한 글을 본 적이 없었죠. 이 글을 읽고 위로도 받고 잠시 멍해지기도 했었죠. 그리고 이 책에서 가장 충격적이었던 글은 스타트업에는 단계적으로 세 명의 CEO가 필요하다는 대목이었는데요. 세 종류의 개에 비유해요.

첫 번째는 리트리버(사냥감을 물어오도록 훈련된 개)로, 끈기와 창의력이 중요해요. 두 번째 단계는 블러드하운드(영국산 경찰견)로 탁월한 방향감각과 기업의 규모 확장에 필요한 기술이 생명이에요. 세 번째는 허스키(에스키모 개), 일관성 있는 태도와 결단력이 생명이에요.

투자자는 창업인에게 원하는 만큼 능력이 닿는 만큼 멀리 뻗어보라고 충고하지만, 동시에 자신의 능력을 넘어서기 전에 새로운 리더에게 자리를 넘겨줄 준비를 하라고도 해요. 세인트버나드(인명구조견)가 필요한 상황이 벌어지기 전에 말이죠.

책을 읽으면서 저를 자꾸 돌아보게 돼요. 아이디어 내서 팀을 꾸렸는

"산행의 대부분은 정상에서 있는 게 아닌, 산을 오르내리는 것이다. 따라서 사람들은 어떤 일을 이루기 위한 대부분의 흐름이 그 과정임을 알아야 한다. 성공은 목적지가 아닌 여정에서 맞닥뜨리는 행운일 뿐이다. 그렇기에 인생에 무엇이 성공인지는 스스로 정의를 내려야 한다. 사람들의 생각을 바꾸고, 의미 있는 생각을 나누며 뭔가 변화되는 것을 남기는 것. 그게 바로 흔적을 남기는 것이다."

데 그다음 단계에 나는 정말 적합한 사람인가, 다음 단계에서는 어떤 재능이 필요한데… 변신을 못하면 빨리 물러나야 한다는 생각을 하기도 하죠. 이 책에서는 주인공이 투자받기 위해 투자자들에게 맞춘 이야기들을 많이 해요. 그런 그에게 창업을 도와준 팀 멤버가 이런 질문을 던져요. "처음에 우리가 이걸 왜 하려고 했지?"

그러면서 사랑하는 사람을 잃고 슬픔에 빠진 사람들을 위로하는 장례 서비스로 돌아가자고 해요. 결국 팀이 해체될 뻔한 위기를 극복하고 초심으로 돌아가는 결말로 끝나죠. 경영자, 창업자라면 반드시 읽어보면 좋겠어요. 이 책에서 이야기하는 것처럼 성공은 목적지가 아닌 여정에서 맞닥뜨리는 행운일 뿐이겠죠.

Point | 적당한 분량. 스타트업하시는 분들께 강추!

12. 행복해지기 위한 방법은?

니코마코스 윤리학

니코마코스 윤리학
아리스토텔레스 지음, 천병희 옮김, 숲

아리스토텔레스가 여러 분야에 대해 책을 썼는데, 그중 제가 가장 좋아하는 책이에요. 아리스토텔레스가 자신의 아들 니코마코스에게 어떤 삶을 사는 것이 중요한지 말하는 책이에요.

인간이 모든 활동을 하는 이유는 결국 행복이고, 궁극적인 선은 행복이라고 말해요. '옷을 왜 샀어? 밥은 왜 먹어? 공부는 왜 열심히 해?' 이런 질문들의 끝까지 가보면 '행복해지기 위해'라는 이유가 있어요. 궁극의 선이 행복이라고 했을 때 뭐가 가장 중요할까요? 이 책에서는 한쪽으로 치우치지 않는 것이라고 말해요. 동양사상에서 이야기하는 바로 그 중용이에요. 예컨대 "용기란 비겁함과 무모함의 중간"이라고 해요. 가만히 있으면 비겁한 것이고, 너무 나서면 무모한 거죠. 허풍과 시치미 사이에 진실됨이 있다고 하고요. 그 밖에 절제, 긍지, 온화함, 재치, 친절 같은 것들에 대해 어떤 태도를 가져야 하는지가 나와 있어요. '행복'이라는 키워드로 공부하다 이 책을 알게 됐는데, 사실 행복

"행복은 어떤 상태가 아니라 또 하나의 활동이다.
만일 행복이 어떤 상태라고 한다면 그것은 식물인간처럼
일생 동안 잠들어 있는 사람에게도 속하고, 큰 불행을 당한
사람에게도 해당될 것이다. 활동에는 바람직한 것도 있고
바람직하지 않은 것도 있는데, 바람직한 행동을 하는 것이다."

보다는 어떤 삶의 태도를 가져야 하는지를 많이 배웠어요. 회사를 경영하는 데에도 많은 힌트를 얻었고요. 조직이 수직적이냐 수평적이냐, 직관적 사고와 논리적 사고 중 어느 것이 중요한가… 이런 딜레마에 빠지기 쉬운데, 한쪽에 치우치지 않고 상황에 맞춰 중심을 잡아가는 게 중요하죠. 이렇게 생각하는 철학적 기반이 된 책이에요.
다만 두껍지는 않은데 읽기는 좀 어려울 수 있어요. 그러니 만화책이나 《니코마코스 윤리학》(풀빛) 등 청소년 버전의 가벼운 책들부터 먼저 읽어도 좋아요. 블로그나 칼럼도 많고요. 강박관념을 갖고 읽을 게 아니라, 저자의 생각을 잘 간파하고 내 삶에 조금이라도 반영하면 충분하다고 봐요.

Point | 오래된 고전이라 읽기 쉽지 않지만 행복에 대해 고민한다면 추천!

13. 행복을 진화론적 관점에서 본다면?

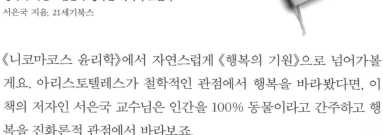

행복의 기원 : 인간의 행복은 어디서 오는가
서은국 지음, 21세기북스

《니코마코스 윤리학》에서 자연스럽게 《행복의 기원》으로 넘어가볼
게요. 아리스토텔레스가 철학적인 관점에서 행복을 바라봤다면, 이
책의 저자인 서은국 교수님은 인간을 100% 동물이라고 간주하고 행
복을 진화론적 관점에서 바라보죠.

이 책에서 "행복은 거창한 관념이 아니라 구체적인 경험이다. 그리고
경험은 뇌에서 발생한 현상이기 때문에 철학이 아닌 생물학적 논리
로 접근할 수 있다"라고 하는데, 저는 둘 다 중요하다고 생각해요.

저자의 결론은 작은 행복을 누리는 게 중요하다, 그 행복을 자주 느
껴야 큰 행복도 누릴 수 있다는 거예요.

저도 100% 동의해요. 가족들과 시간을 많이 보내려고 하는 것도 이
때문이고요. 회사 일이 먼저냐, 가정이 먼저냐는 이야기도 가끔 하는
데요. 가정의 행복을 위해 일을 하는 거지, 일을 하기 위해 가정을 꾸
린 건 아니잖아요. 모든 궁극의 선은 행복이고, 일을 하는 것도 행복하

"아이스크림은 달콤하지만 반드시 녹는다.
행복도 마찬가지다.
큰 행복을 누리든 작은 행복을 누리든 반드시 녹아내린다."

게 살기 위해서인데, 정작 우리는 일하면서 가정을 희생시키고 있어요.
이 책은 저희 회사에도 큰 영향을 미쳤어요. KPI(핵심성과지표)를 달성
했다고 축하할 게 아니라 빼빼로데이나 밸런타인데이 등 소소하지만
재미있는 이벤트를 함께하는 것, 그 자체가 행복이라고 생각해요.
가볍게 읽을 수 있는 책이고 내용도 어렵지 않은데 울림은 정말 컸어
요. 이 책을 읽기 전까지 행복에 대한 어려운 책을 많이 읽었거든요.
그런데 이 책은 보이지 않는 행복을 보이는 것으로, 색다른 관점에서
쉽게 풀어내서 좋았어요. '행복해지려면 어떻게 해야 해? 내 마음을
다잡아야 해?'라고만 생각했는데, 너무 심플한 해결책을 주었어요.
사랑하는 사람과 자주 맛있는 음식을 먹는 것, 이것이 행복이래요.

Point | 분량도 적고 재미있어요. 당장 오늘부터 행복해지고 싶다면 꼭 읽어보세요.

14. 악한 사람에 대한 대비책을 알려주는 책

군주론

군주론
니콜로 마키아벨리 지음, 김현영 옮김, 책만드는집

마키아벨리는 저의 생각을 많이 바꿔준 사람이에요. 처음에는 마키아벨리를 읽는다는 걸 대놓고 말하기가 조금 조심스러웠어요. 괜히 권모술수를 배우려는 사람처럼 보일까 봐서요. 《군주론》은 '악마의 책'이라 불리기도 하는데, 그보다 《군주론》을 왜 읽어야 하는지가 중요해요.

우리는 살면서 선한 사람도 만날 수 있고, 악한 사람도 만날 수 있어요. 이것은 우리가 정할 수 있는 것이 아니에요. 성악설에 입각한 책을 읽어야 하는 이유가 바로 이거예요. 악한 사람에 대한 기본적인 대비책을 만들어주거든요.

더욱이 조직은 기본적으로 선한 사람들만 모여서 선한 에너지로만 굴러갈 수 없는 곳이에요. 애덤 스미스가 일찍이 말했죠. 인간의 이기심으로 경제가 발전된다고. 회사에 오는 사람들은 각자의 이기심을 충족하기 위해 일을 하죠. 회사는 이런 이기심이 충돌하는 곳이에요. 그

"천국에 가는 가장 확실한 방법은
 지옥에 가는 방법을 아는 것이다."

래서 모두에게 추천해주고 싶은 책이에요. 인간의 본성을 알게 되면
상처를 조금 덜 받을 테니까요.

마키아벨리는 어렸을 적부터 로마사를 공부했고, 로마의 전체적인 역
사를 통해 사람들은 어떻게 생각하는지를 잘 이해했던 서기관이었어
요. 그래서 마키아벨리가 쓴 《**로마사론**》(**연암서가**)을 함께 읽으면 좋
아요. 당시 이탈리아는 외부의 침입을 자주 받는 도시국가였어요. 이
책을 쓴 이유가 사실 이것 때문인데요. 전쟁이 날 때마다 백성들의 삶
이 너무 힘들어지는 거예요. 게다가 자체 군대가 없어서 용병을 써야
했어요. 외부의 힘으로 나라를 지키는 건 한계가 있고, 강력한 군주가
나타나서 이탈리아를 재통일하고 재건해야 한다, 그런 취지에서 쓴
책이에요. 군주가 권모술수를 써서라도 강력한 국가를 만들어야 국
민들이 안정된 삶을 살 수 있다는 철학이 담긴 거죠. 사람들을 사랑
하는 마음과 충성심으로 쓴 책이죠. 저는 그렇게 이해했어요.

단, 이런 논리가 잘못 흐르면 악용되기 쉬우니 반대되는 사상의 책도 같이 읽어줘야 해요. 그래서 저는 《군주론》을 읽으면 《논어》를 반드시 읽어요. 《논어》, 《한비자》, 《군주론》, 《국가》, 《자유론》 등은 사상의 중심을 갖추기 위해 번갈아가며 읽죠.

《군주론》은 시장에 다양한 버전으로 나와 있으니 두세 권 정도 사서 비교하며 읽어보세요.

Point | 많이 두껍지 않아 부담은 없지만, 충격적인 사상이 많아 놀랄 수 있어요.

15. 이력서보다 조문(弔文)

인간의
품격

인간의 품격 : 삶은 성공이 아닌 성장의 이야기다
데이비드 브룩스 지음, 김희정 옮김, 부키

어느 인터뷰 중에 알게 된 책인데요. 담당기자가 당연히 제가 읽었을 거라 생각하고 계속 언급하셔서 알게 됐어요.

핵심 키워드는 '겸손'이에요. 회사에 들어가기 위한 이력서와, 죽고 나서 지인들이 읽어주는 조문(弔文) 중 무엇이 더 중요할까요? 사회적 성공을 위한 이력서의 한 줄을 채우는 게 중요할까요, 아니면 다른 사람들이 기억하는 용감했다, 신의가 두터웠다 같은 모습이 중요할까요? 많은 사람들이 이력서를 채우기 위해 소위 '스펙'을 쌓는 데 집중하죠. 자신을 실제보다 더 크게 보여주느라 바빠요. 페이스북이나 인스타그램에서 자신을 자랑하는 것도 이런 맥락이죠.

하지만 저자인 데이비드 브룩스는 아이들에게 겸손을 가르쳐야 한다고 말해요. 삶은 성공이 아니라 성장이기 때문이죠.

'성공'이라는 단어를 언제부터 많이 쓰게 되었을까요? 한 번쯤 고민해볼 문제예요. 성공을 추구하면서 많은 것이 달라졌거든요. 예컨대 저

"'인격'이라는 단어의 의미가 변화하고 있다.
자신을 돌보지 않는 이타심, 관대함, 자기희생을 비롯해
세속적으로 성공할 확률을 줄이는 특성들을 묘사하는 데
인격이라는 단어가 사용되는 빈도가 줄어든다."

자는 '인격'의 의미도 바뀌고 있다고 말해요. 오늘날은 이타심이나 관대함, 자기희생 같은 표현보다는 "극기, 투지, 탄력성, 끈기 등 세속적 성공 확률을 높이는 특성과 관련되어 쓰이는 경우"가 많아졌어요. 자기계발서의 맥락이 딱 그렇죠.

《인간의 품격》은 부모님이나 선생님을 비롯해 가급적 많은 분들이 읽었으면 좋겠어요. 자기계발의 메시지가 넘쳐나는 시대에 진정 우리가 추구해야 할 것은 무엇인지, 신의를 지키고, 남을 위해 봉사하고, 용기 있는 사람으로 평가받을 것인지, 이력서의 스펙 한 줄을 채울 것인지에 대해 생각해볼 시간이 한 번쯤 필요할 테니까요.

Point | 다소 지루할 수 있지만 심호흡을 길게 하고 끝까지 읽어보세요.

16. 오류 없는 판단은 있을 수 없다

자유론

자유론
존 스튜어트 밀 지음, 권혁 옮김, 돋을새김

앞에 소개한《인간의 품격》에도 이 책이 나와요. 사실 이 책은 소크라테스나 플라톤만큼이나 현대 사상가들이 많이 인용하는 책이에요. 저도 여러 책에서 하도 많이 소개받아서 결국 읽게 됐어요.

존 스튜어트 밀은 영국에서 태어난 공리주의자예요. 어렸을 때부터 아버지에게 독서법을 지도받아서 고전을 많이 읽었대요. 자녀들이 책을 많이 읽기 바라는 부모님들은《존 스튜어트 밀 자서전》(창)을 보면 좋겠어요. 독서법의 고전이라 할 수 있죠.

이 책의 핵심은 이거예요. '타인에게 해를 끼치지 않는 한 누구든 절대적 자유를 누릴 수 있어야 한다.' 도덕시간에 배웠던 자유의 개념이죠. 하지만 이 책은 제목에서 유추할 수 있는 것보다 더 많은 내용을 담고 있어요. 진리를 찾아가는 방법에 대한 이야기라 할까요.

제가 얻은 교훈 몇 가지를 정리하면 첫째, 오류 없는 판단은 있을 수 없다는 거예요. 나도 잘못될 수 있음을 인정하고 토론에 임해야 해요.

"오류가 없는 판단은 있을 수 없다.
자신이 잘못 판단할 가능성이 있다는 걸 잘 알고 있지만
그것을 방지하기 위한 대비책이 필요하다고 생각하는
경우는 거의 없다.

아주 확실하다고 믿는 의견이 사실은 쉽게 범할 수 있는
오류의 한 가지 예가 될 수 있다는 점을 쉽사리
인정하지 않는 것이다."

둘째, 침묵하는 소수의견은 진실일 가능성이 크다고 해요. 권력이나 권위 앞에 침묵하는 소수의견을 그래서 먼저 들어야 해요. 저희도 회사에 소수와 다수가 있으면 소수의 의견을 먼저 들어요.
셋째, 한 사람에 의해 만들어진 의견은 진실이 아닐 가능성이 크다. 누군가의 의견을 들으면 즉시 행동하기보다 다른 의견과 반대 의견을 들어봐야 해요. 이 책을 통해 토론하는 방법을 많이 배웠어요. 거창하게 사회정의까지 가지 않더라도 주변 사람들과의 관계, 토론할 때 어떤 자세를 가져야 하는지, 내 생각도 틀릴 수 있다는 걸 가정하고 열린 자세로 이야기해야 한다는 메시지를 담은 책이에요.

Point | 조금 어렵지만 많이 두껍지 않아요. 시민으로서 갖춰야 할 소양을 배울 수 있어요. **시민으로 산다면 필독서.**

권리를 위한 투쟁

권리를 위한 투쟁
루돌프 폰 예링 지음, 윤철홍 옮김, 책세상

이 책은 인문고전을 소개하는 포털 영상에서 발견했어요. 호기심에 눌러봤는데 내용이 너무 좋더라고요.

법리학자인 저자가 은퇴하면서 남긴 마지막 연설을 책으로 정리한 건데, 법은 어떻게 계속 발전하는가에 대한 이야기예요. 우리 사회에 존재하는 인권, 노동자, 여성, 아동, 인종차별에 관한 법들이 누군가의 '권리를 위한 투쟁'에 의해 만들어졌다는 거예요. 하나하나의 법들은 곧 치열한 투쟁의 역사라는 거죠. 가령 노동자들이 스스로의 인권, 행복추구권에 대해 투쟁하지 않는데 누군가 나서서 만들어주지 않잖아요. 물론 투쟁 자체가 과도하면 문제가 되겠지만요. 한 사회가 정말 진보하고 있는지 알려면, 누군가의 권리가 침해됐을 때 당사자 및 주변 사람들이 어떻게 행동하는지를 보면 된다고 말해요.

이 책은 셰익스피어의 희곡 〈베니스의 상인〉에서 시작돼요. 베니스의 상인이 살 1파운드를 담보로 돈을 빌려주고는 돌려받지 못하자 살을 떼겠다고 했는데, 판사가 피를 흘리지 않고 살을 떼어야 한다고 해서 결국 패소한다는 내용이죠.

폰 예링은 이때 누가 가장 잘못한 것이냐고 물어요. 판사, 돈을 빌려준 상인, 돈을 꾼 사람 중에 누가 잘못했느냐는 거예요. 여러분은 어떻게 생각하세요?

우리는 보통 인권의 관점에서 생명을 위협하는 계약을 들이민 베니스의 상인이 잘못했다고 말하죠. 하지만 폰 예링은 전혀 다른 시각, 법리학적인 관점에서 다시 판단해요. 그 또한 상인이 잘못했다고 하는데, 이유가 재미있어요. 계약서가 보장한 자신의 권리가 있었음에도 포기했기 때문이에요. 그 결과 이후 유사한 일이 벌어졌을 때 사람들이 돈을 빌리고 안 갚는 일이 생길 여지를 만들었다는 거예요. 자신의 권리를 포기했을 때 그다음 사람들이 입을 수 있는 피해죠. 뭔가 떵하죠. 생각을 깨는 도끼가 담긴 책이에요.

"법의 목적은 평화이며,
평화를 얻는 수단은 투쟁이다."

저도 어느 쪽이 맞다고 단언할 수는 없지만 폰 예링의 관점에서 세상을 바라보는 것도 중요하다고 생각해요. 세상은 발전하고 진보하고 있으므로 앞으로도 투쟁이 계속 일어나야 하고, 그것들이 우리 삶을 좀 더 좋은 방향으로 이끌어갈 거라는 거죠. 최근 '성추행' 문제를 고발하고 이에 연대하는 'me too' 운동 또한 끊임없이 권리를 위한 투쟁을 해나가는 역사라 볼 수 있겠죠.

이 책에서 가장 유명한 말이 있어요. "권리 위에 잠자는 자 보호받지 못한다." 투쟁은 부정적인 의미가 아니라 사회가 응당 나아가야 할 방향이죠. 해제를 빼면 100페이지 조금 넘는 분량이어서 한번 도전해봄 직한 책이에요.

Point | 얇지만 읽기는 어려워요. 하지만 관련된 글이 많으니 함께 읽으면 좋아요.

18. 헌법, 어렵지 않아요

대한민국 헌법

대한민국 헌법 : 대한민국은 민주공화국이다
편집부 편, 더휴먼

촛불집회가 한창일 때, 많은 사람들이 헌법에 대해 이야기하지만 정작 헌법에 대해 제대로 읽어본 적이 없구나 하는 생각에 서점에 헌법 책을 사러 갔어요. 사람들은 헌법이 되게 두껍고 어려울 거라 생각하는데, 실은 굉장히 얇아요. 법에 대한 기준만 나와 있기 때문에 한 시간 정도면 읽을 수 있어요. 인터넷사이트에도 전문이 나오고요.

TV에서 지식인들이 정치적 토론을 할 때 1조 1항이 어떻고 1조 2항이 어떻다고 하잖아요. 하지만 언제나 핵심만, 그것도 누군가의 관점을 통해 보여주기 때문에 100% 객관적이라 볼 수는 없어요.

그런 관점에서 헌법은 대한민국 국민으로서 반드시 읽어야 할 책이에요. 마치 구텐베르크의 인쇄혁명이 있기 전 성경 같은 것이죠. 교황이나 수도사들만이 읽고 가지고 있었던 성경을 일반 성도들도 읽게 되면서 눈이 뜨이게 됐잖아요. 예전에는 토론을 보며 '지식인이 하는 말이니 맞겠지' 하고 생각했다면, 헌법을 읽은 다음부터는 자꾸 저도 제

"제1조

① 대한민국은 민주공화국이다.

② 대한민국의 주권은 국민에게 있고, 모든 권력은 국민으로부터 나온다.

제10조

모든 국민은 인간으로서의 존엄과 가치를 가지며, 행복을 추구할 권리를 가진다. 국가는 개인이 가지는 불가침의 기본적 인권을 확인하고 이를 보장할 의무를 진다."

의견을 갖게 되더라고요.

어떤 문제가 생기면 결국에는 법에 입각해서 판단해야 해요. 법조항에 잘못된 점이 있으면 개정하고요. 국가가 아닌 작은 조직에서도 마찬가지예요. 그게 한비자가 말한 '법치주의'고, 그 법을 개정해가는 게 '권리를 위한 투쟁'이죠. 수많은 투쟁의 결과로 정리된 것이 '헌법'이에요. 그 법 안에서 우리가 살고 있어요.

저도 다른 나라의 헌법까지 읽지는 못했지만, 그 안에는 그 나라가 추구하는 가치관이 담겨 있겠죠. 책을 읽는 중요한 이유 중 하나가 내가 살고 있는 세계의 메커니즘을 이해하는 거예요. 우리가 살아가는 대한민국은 어떤 법의 가치관과 기준이 있는지 꼭 살펴보세요.

Point | 아주 얇지만, 대한민국에서 산다면 평생 도움 될 책입니다.

19. 돈을 벌지 못하는 이유가 궁금하다면

부자의 그릇

부자의 그릇 : 돈을 다루는 능력을 키우는 법

이즈미 마사토 지음, 김윤수 옮김, 다산3.0

책 10권 정도 읽으면 한 권 정도는 일부러 문학책을 읽어요. 그중 하나가 (온전한 문학작품은 아니지만) 돈이란 무엇인지를 다룬《부자의 그릇》이란 경제소설이에요. 일본의 금융교육 전문가가 쓴 책인데, 본인이 실제로 사업에서 실패했던 경험을 바탕으로 했대요. 저에게 큰 울림을 주었는데, 한마디로 '돈은 신용을 가시화한 것'이라는 게 핵심이에요. 따라서 돈을 번다는 것은 신용을 키우는 일이죠.

주인공이 작은 가게를 동업으로 운영했는데, 처음에는 잘되다가 무리하는 바람에 망했어요. 그러다 우연히 어느 노인을 만나 돈에 대한 깨달음을 얻는다는 이야기예요.

제가 뒤통수를 맞은 부분이 있는데요. 주인공이 노인에게 100원짜리 동전을 빌리고는 너무 고마워서 말해요.

" 이 따뜻한 밀크티를 마시게 해주신 은혜는 절대 잊지 않겠습니다.

"돈은 모으는 것이 아니라, 모이는 것이다."
"돈은 신용을 가시화한 것이다."

재기만 한다면 100원이 아니라 1000만 원 정도로 돌려드리지요."
"그건 안 되네." 노인은 크게 고개를 저었다. "너무 많아."

노인은 120원 정도면 충분하다고 말해요. 그럼에도 주인공이 계속 고집을 부리자 노인이 한마디 하죠.

"그래서 망했던 거군."

돈에 대한 개념을 만들지 못했기 때문에 실패했다는 거죠. 120원도 100원에 20%가 붙은 것이니 굉장한 고금리잖아요. 100원과 120원의 차이는 작지만, 20%라는 차이는 커요. 노인은 20%나 되는 고금리를 붙인 이유가 신용이 없기 때문이라고 말해요. 이때 바로 '돈은 신용을 가시화한 것이다'라는 메시지가 등장해요.

우리가 돈에 대해 기본적으로 모르고 있다는 사실을 이 책을 읽으며 새삼 깨달았어요. 옛날에 사람들이 물물거래를 하다가 물건으로 바꾸기 어려우니 조개껍데기로 약속을 한 거잖아요. 신용이죠. 신용을 보이는 물건으로 만든 게 돈이고요. 돈에 대한 기본적인 구조를 알고, 신용을 어떻게 쌓고 지켜야 하는지, 신용을 쌓으면 돈이 들어온다는 사실을 이 책을 통해 알게 됐어요.

이 책을 읽을 때 저는 돈에 대해 알고 싶었어요. 관련 책을 꽤 여러 권 읽었는데 그중 이 책이 가장 와 닿았고, 누가 돈에 대한 이야기를 하면 꼭 추천하는 책이에요. 소설이라 멍하니 읽다 보니 마지막에 무장 해제된 채로 감동 포인트에서 주루룩 눈물을 흘렸던 기억이 나네요. 여러분도 어떤 결말이 있는지 궁금하시면 꼭 읽어보세요.

Point | 재미있고 편하게 읽을 수 있어요.

20. 생각을 바꾸는 단순한 방법

프레임

프레임 : 나를 바꾸는 심리학의 지혜
최인철 지음, 21세기북스

마케팅, 브랜딩은 제 주력분야이고, 이들 분야는 심리학을 바탕으로 하고 있기 때문에 관련 책들을 많이 읽는데, 그러면서 자연스럽게 알게 된 책이에요. 저자인 최인철 교수님의 개인적인 생각보다는 공부해온 수많은 논문이 주로 담겨 있고요. 덕분에 심리학의 전체적인 이론이나 흐름에 대한 재미있는 내용을 많이 접할 수 있어요. 예를 들어 '기도를 하면서 담배를 피워도 되나요?'라는 주제의 글을 보면요.

"선생님, 기도 중에 담배를 피워도 되나요?"
*"형제여, 그건 절대 안 되네. 기도는 신과 나누는 엄숙한 대화인데 그럴
순 없지."*
세실로부터 랍비의 답을 들은 모리스가 말했다.
"그건 자네가 질문을 잘못 했기 때문이야. 내가 가서 다시 여쭤보겠네."
"선생님, 담배를 피우는 중에는 기도를 하면 안 되나요?"

"형제여, 기도에는 때와 장소가 없다네. 담배를 피우는 중에도 기도는 얼마든지 할 수 있지."

기도하면서 담배 피우는, 똑같은 상황이라도 어떤 프레임으로 제시하느냐에 따라 반응이 달라진다는 것이죠. 이게 이 책의 주제예요.
책에 소개된 이런 상황은 아이들과 함께 이야기해볼 수도 있죠.《정의란 무엇인가》에 나오는 트롤리의 딜레마 이야기도 있고요. 너무 철학적이지도 않고, 재미있는 이야기들이 많아요. 읽으면서 사는 데 필요한 지혜를 많이 얻을 수 있어요.
세계적인 논문이 워낙 많이 소개돼 있고, 그 논문들이 다른 많은 책에 또 인용되기 때문에, 지식의 거름망을 촘촘히 할 기회가 되기도 해요. 가령 '1만 시간의 법칙'이나 '깨진 유리창의 법칙'처럼 키워드가 되는 내용을 익혀두면 다른 책을 읽을 때 많은 도움이 돼요. 세계적

"프레임은 한마디로 세상을 바라보는 마음의 창이다.
마음을 비춰보는 창으로서 프레임은 특정한 방향으로 세상을
보도록 이끄는 조력자의 역할을 하지만, 동시에 우리가 보는
세상을 제한하는 검열관의 역할도 한다."

인 심리학 논문들을 분석한 《논백경쟁전략》(신병철, 휴먼큐브)과 같이 읽어도 좋겠고요.

기본적으로 심리학에 관한 내용이지만 결국 행복과도 연결돼요. 책 중간에 "내가 친구의 행복을 결정한다"는 대목이 나오는데, 이건 저희 회사의 복지정책에도 적용돼요. 구성원과 구성원 간의 관계를 건강하게 해주는 것이 중요하죠. 사무실 어딘가에 '나도 누군가에게 회사다'라는 말이 붙어 있는데, 그 역시 여기서 나온 말이에요.

이 책은 경영이나 마케팅을 하는 분들 외에도 많은 분들, 부모님들이 읽어보면 좋겠어요. '내 프레임에 따라 내 삶이 달라진다'는 게 기조니까요. 내 삶이 지혜로워지는 11가지 프레임이 가장 뒤에 나오는데 꼭 읽어보시고요.

Point │ 세계적 논문이 많이 소개돼 있어 나중에 활용할 수 있으니 체크하면서 읽으면 좋아요.

21. 내게서 빼앗아갈 수 없는 단 하나

죽음의
수용소에서

죽음의 수용소에서
빅터 프랭클 지음, 이시형 옮김, 청아출판사

앞에서 소개한《프레임》273쪽에 이런 구절이 있어요.

"한 인간에게서 모든 것을 빼앗아갈 수는 있지만, 한 가지 자유는 빼앗아갈 수 없다. 어떤 상황에 놓이더라도 삶에 대한 태도만큼은 자신이 선택할 수 있는 자유다."

아우슈비츠 수용소에서 죽음의 문턱까지 갔던 정신과의사 빅터 프랭클의 말이죠. 바로 이 책《죽음의 수용소에서》의 한 구절입니다.

이 책에 관해 가장 많이 언급되는 내용은 '로고테라피(logotherapy)'죠. 저도 이게 궁금해서 읽었다가 감동을 많이 받았어요. 인생을 어떻게 살지 고민하는 사람들, 어려운 환경에 처해 있는 분들이 읽으면 좋겠어요. 저도 정말 힘들어하는 친구들에게 꼭 권해주는 책이에요.

전 이 책이 인류에 큰 지혜를 주었다고 생각해요. 역설적이게도 빅터 프랭클 박사는 수용소라는 최악의 상황에서 사람들이 어떻게 행복하게 살 수 있는지 지혜를 얻었어요.

"나는 살아 있는 인간 실험실이자 시험장이었던 강제수용소에서
어떤 사람들이 성자처럼 행동할 때, 또 다른 사람들은 돼지처럼
행동하는 것을 보았다. 사람은 내면에 두 개의 잠재력을 모두
가지고 있는데, 그중 어떤 것을 취하느냐 하는 문제는 전적으로
그 사람의 의지에 달려 있다."

핵심 메시지는 233쪽에 나오는데, 제가 가장 좋아하는 구절이에요.

"인간이 시련을 가져다주는 상황은 변화시킬 수 없다. 하지만 그에
대한 자신의 태도를 선택할 수는 있다."

인간은 주어진 환경 같은 것은 바꿀 수 없지만, 그 일을 어떻게 해석
하느냐는 개개인의 자유라는 거죠. 이 메시지는《탈무드》와도 연결돼
요.《탈무드》에서는 나의 돈, 명예, 권력 등은 외부에 빼앗길 수 있지
만, 내가 가진 지혜나 경험은 누구도 빼앗을 수 없다고 하거든요.
행복도 사실 같은 맥락에서 해석할 수 있죠. 행복을 외부 환경에서 찾
으려 한다면 언제든 외부의 힘에 의해 변할 수 있잖아요. 단적으로,
돈이 정말 많고 권력이 있어도 행복하지 못한 사람들이 많거든요. 반
면 내 처지가 어떻든 간에 행복할 수 있는 사람은 외부 요소로부터

자유로운 삶을 살아요. 행복한 삶을 택할지 불행한 삶을 택할지는 온전히 나의 자유인 거죠. 나에게 일어난 일들, 불운했던 일들을 어떤 관점으로 바라볼지도요.

사실 앞에서 소개한 《부자의 그릇》을 읽으면서 제 과거의 모습을 많이 떠올렸어요. 저도 신용의 개념이 뭔지 몰랐고 서툴렀으니 사업에 실패했겠죠. 그런데 이런 책들을 읽고 나서 제 생각을 바꿨어요. 어려웠던 일을 떠올리면서 나쁘게만 해석할 게 아니라 무엇을 얻을 수 있는지 생각해보니 저 스스로가 긍정적으로 바뀌더라고요.

Point | 분량도 적당하므로 차분히 읽어나가면 좋은 책이에요.

22. 왜 우리는 기업의 역사를 공부하지 않는가

기업의
시대

기업의 시대 : 중국 CCTV·EBS 방영 다큐멘터리
CCTV 다큐 제작팀 지음, 허유영 옮김, 다산북스

경영자들은 어떻게 하면 경영을 잘할 수 있는가 하는 책을 많이 읽어요. 피터 드러커나 짐 콜린스, 게리 해멀의 책들 같은 거죠. 어떤 분야든 제대로 공부하려면 역사를 알아야 하잖아요. 그런데 경영자 중 기업의 역사를 공부하는 경우는 많지 않은 것 같아요.

《기업의 시대》는 왜 시장과 언론과 시민단체가 기업활동을 견제하는지, 왜 정부가 기업을 규제하는지, 독점규제법은 왜 생겼고, 노동법은 왜 생겼고, 어떤 시대에 기업이 부흥했는지 등 기업의 역사를 정리한 책이에요. 중국 공영방송인 CCTV에서 제작한 다큐멘터리가 원본이니 유튜브 영상과 같이 봐도 좋아요. 큰 방송국에서 다뤄서인지 경영 구루들의 인터뷰도 많고, 관련 사상도 많이 소개되죠.

저는 자본주의의 정점에 있는 기업에 관한 콘텐츠가 중국에서 나왔다는 사실 자체가 중국이 많이 바뀌고 있다는 방증이라 생각해요. "인간의 가장 위대한 발명품은 기업이다"라고까지 말하거든요. 주식

"기업이 위대해지려면 얼마나 더 많은 길을 가야 할까? 기업은
권력의 도구가 되어서는 안 되며 평범한 사람들이 지혜를 펼치고
에너지를 함께 모을 수 있는 무대가 되어야 한다. 기업은 돈의
노예가 되어서는 안 되며, 사회의 혁신과 진보를 이끌어내는
원동력이 되어야 한다. 또 기업은 차디찬 기계여서는 안 되며
인본주의의 창달자이자 수혜자가 되어야 한다."

회사라는 개념을 발명함으로써 집단으로 모여 경제활동을 할 수 있
게 됐고, 그 조직이 엄청나게 거대해졌다는 거죠.

100여 년 전 미국에 독점기업이 나타났고, 네덜란드에서는 이미 17세
기에 동인도회사가 국가로부터 군사권까지 얻었어요. 이들이 식민지
경영전략 하에 어떻게 다른 나라를 침략했고, 이런 일련의 기업활동
을 통제하기 위해 시대적으로 어떤 법들이 생겼는지 등이 다채롭게
실려 있어요. 유럽, 미국, 일본 기업의 역사가 잘 정리돼 있고 경영 관
련 키워드도 많이 나와요. 그래서 경영하는 분들에게 많이 추천하곤
해요. 기업의 역사를 공부하는 의미에서 꼭 읽어봐야 할 책이고, 기
업의 역사를 다룬 책이 별로 없다는 점에서도 의미가 있는 책입니다.

Point | 기업인들에게 강력추천해요. 두껍지만 단락 별로 읽어도 좋아요.

23. 경영의 바이블

매니지먼트

피터 드러커 - 매니지먼트
피터 드러커 지음, 남상진 옮김, 청림출판

피터 드러커는 설명이 필요 없는, 셀 수 없는 명언을 남긴 분이죠. 저희 회사의 '송파구에서 일 잘하는 11가지 방법'도 드러커의 책에서 많이 차용해서 만들었어요. 경영학의 존재를 사람들이 그다지 인정하지 않던 시절에, 경제학에서 경영학을 분리한 최초의 학자 중 한 분이죠.

저는 피터 드러커가 서술하는 방식을 굉장히 좋아해요. 모든 경영학적 주제를 철학적인 관점에서 접근하거든요. 경영이란 무엇인가, 사업이란 무엇인가, 기업이란 무엇인가라는 질문을 던지면서요. 마치 소크라테스 대화편을 읽는 것 같아요. 피터 드러커의 책에서 기술적인 정보를 얻기는 힘들지만 어떤 관점에서 경영해야 할지, 인재를 어떻게 관리해야 하고, 비전 설정을 어떻게 해야 할지 등의 철학적인 지혜를 많이 채울 수 있죠.

이분이 생전에 굉장히 많은 책을 쓰셨는데, 그중에서 저는 《매니지먼트》를 가장 좋아해서 옆에 두고 읽곤 해요. 제게는 "조직은 강점에 초점을 맞춰야 한다. 사람들은 약점과 강점을 다 갖고 있는데 어떤 조직은 그 사람의 약점을 보고 등용하지 않거나 활용을 못하는 반면, 좋은 조직일수록 강점에 집중해서 인사조직 시스템을 만들어서 그 약점을 무력화시켜 버린다"는 대목이 특히 와 닿았어요.

피터 드러커의 책들은 한 번에 다 읽기보다 옆에 두고 중간중간 읽기를 권해요. 《논어》처럼요.

피터 드러커는 좋은 생각을 워낙 많이 제시했기 때문에 다양한 버전의 해설서도 많이 나와 있어요. 《**마지막 인터뷰**》(**제프리 크레임스, 틔움출판**)라는 책도 드러커의 생각을 정리한 좋은 책이죠. 최근에 출간된 《**일의 철학**》(**피터 드러커, 청림출판**)은 하루하루 읽기 편하게 정리된 책이에요. 《**피터 드러커 자서전**》(**피터 드러커, 한경비피**)을 통해 그가 어떻게 살았는지도 알 수 있고요. 《**만약 고교야구 여자 매니저가 피터드러커를 읽는다면**》(**이와사키 나쓰미, 동아일보사**)이란 일본 만

"기업은 평범한 사람들이 모여서
비범한 성과를 내는 곳이다."

화책으로 쉽게 접근해보는 것도 좋아요.
그는 단순히 좋은 사상만을 제시해서 유명한 것이 아니라, GE 같은
세계적인 기업에 자문 역할을 하면서 위대한 기업들도 많이 만들어냈
어요. 하지만 지금 GE는 예전 같지 않죠. 역시 역사에서 영원한 제국
이란 존재하지 않는 것 같아요.

Point | 바이블처럼 읽기는 어렵지만 그의 사상은 여러 책과 서평으로도 많이 있으니 조금씩
함께 찾아가면서 읽어보세요.

24. 크고 위험하고 담대한 목표를 세워라

GOOD TO GREAT

좋은 기업을 넘어 위대한 기업으로
짐 콜린스 지음, 이무열 옮김, 김영사

이 책보다 먼저 쓴 《성공하는 기업들의 8가지 습관》(김영사)에서 짐 콜린스는 성공기업들의 공통점을 다뤘어요. 그런 점에서 《좋은 기업을 넘어 위대한 기업으로》와 형제 같은 책이죠. 그런데 왜 후속작을 썼느냐면, 누가 이렇게 물었대요. "항상 위대한 기업이었던 곳보다 평범했다가 위대해진 회사의 비결이 더 궁금하다."

이 말이 책을 쓰게 된 직접적인 동기였다고 해요. 그래서인지 이 책의 첫 챕터 제목은 이것이에요. "좋은 것은 위대한 것의 적이다."

위대한 회사는 더 크고 위험하고 담대한 목표(Big Hairy Audacious Goals)를 세운다고 해요. 전 아직도 비행기가 뜨는 게 신기한데요. 거대한 비행기에 일반인들을 태우겠다던 보잉 사의 첫 생각은 정말 크고 위험하고 담대한 목표이지 않나요. 이런 이야기들이 많이 담겨 있어요.

창업자나 경영하시는 분들은 한 번 꼭 읽어볼 것을 권해요. 이미 읽으

"변화에 있어 가장 놀라운 패러독스는
변화하는 세계에 누구보다 잘 적응하는 조직들이
'바뀌지 말아야 할 것들'을 잘 안다는 사실이다.
그들은 모든 것들을 더 용이하게 변화시킬 수 있는 곳에
기본 수칙이라는 확고한 닻을 내려 놓는다."

신 분들은 다시 읽어도 좋고요. 어떤 회사를 만들 것인지, 사람들과 함께 타고 갈 '버스'를 어떻게 디자인할 것인지 고민해보면 좋겠어요. 저는 1~2년에 한 번씩 이 책을 다시 읽으면서 마음을 다잡곤 해요. 그런데 제가 이 책에서 얻은 것은 경영의 초심만이 아니에요. 인생의 궁극적인 성공기준도 생각하게 되었죠. 짐 콜린스가 서문에 쓴 구절인데요.

"인생의 궁극적인 성공이란
당신의 배우자가 해가 갈수록 당신을 더욱 좋아하고 존경하는 것이다."

처음에는 왜 경영전문가가 서문에 이런 말을 썼는지 이해되지 않았어요. 공자 선생님도 아니고요. 그러다 해가 갈수록 이 말의 의미를 깊이 새기게 됐죠. 성공한 기업들을 분석하면서 수많은 창업자들, 경영

자들과도 인터뷰했겠죠. 회사와 개인의 모든 흥망성쇠도 지켜봤을 테고요. 아마 그러고 나서 인생에서 궁극적인 성공이란 것에 대해서도 생각하지 않았을까 싶어요. 아무튼 저에게는 여러 방면으로 영감을 많이 준 책이에요.

Point | 경영의 고전, 두껍지만 완독을 권해요. 다만 옛날 사례가 많아서 다소 지루할 수는 있어요.

25. 정말 좋은데 어떻게 팔지?

마케팅
천재가 된

맥스

마케팅 천재가 된 맥스
제프 콕스·하워드 스티븐스 지음, 김영한·김형준 옮김, 위즈덤하우스

이 책은 소설인데, 단순한 소설은 아니에요. 저자들이 세일즈맨과 마케터, 고객을 인터뷰한 다음 25만 건의 데이터를 분석해 이야기로 가공한 것이거든요.

고대 이집트가 배경인데요. 당대의 발명가 맥스가 바퀴라는 걸 만들어요. 요즘에야 바퀴의 중요성을 다들 알지만, 그때는 누가 알아봤겠어요. 사업하는 분들도 이런 경험이 다 있잖아요. 우여곡절 끝에 멋진 제품을 만들어서 이제 팔릴 일만 남았다고 생각했는데 아무도 알아주지 않을 때요. '정말 좋은데 알릴 방법이 없는' 상황인 거죠.

맥스가 백만장자는커녕 파산지경에 몰리자 보다못한 아내가 현명한 예언가 오라클을 찾아가 도움을 청해요. 그때 오라클이 맥스에게 6가지 질문을 던져요.

1. 우리의 고객은 누구인가?

2. 우리의 경쟁자는 누구인가?

3. 고객이 우리가 팔고 있는 물건을 원하는 이유는 무엇인가?

4. 고객이 우리 제품을 사는 이유는 무엇인가?

5. 고객이 경쟁업체의 물건을 구매하는 이유는 무엇인가?

6. 세일즈맨이 판매를 성사시키기 위해 고객에게 제공할 서비스로는
   무엇이 있는가?

예컨대 맥스는 바퀴가 최초의 제품이니 경쟁자가 없다고 해요. 하지
만 오라클은 경쟁자는 언제나 존재한다고 단언하죠. 바퀴는 물건을
옮기기 위한 물건이잖아요. 그런 맥락이라면 코끼리, 말, 낙타, 썰매,
이 모두가 경쟁자인 거죠. 이런 관점전환의 순간이 많이 나와요.
맥스가 겨우 판로를 개척하고 나니 이번엔 짝퉁이 나와서 가격경쟁을
하고, 소비자들의 A/S 요구는 점점 커지고, 그 와중에 우연히 맷돌이

"아무리 좋은 제품이라도
구매하는 고객이 없으면 시장에서 사라지게 된다."

라는 파생상품이 만들어져요. 이런 난리법석을 거치면서 전문경영인을 도입하고 경쟁사와 합병하는 등 기업에서 일어나는 거의 모든 일을 다 보여줘요. 정말 잘 썼어요. 재미있기만 한 게 아니라 마케팅과 경영의 기본을 다 짚어주거든요.

최초고객은 누구인가, 가격경쟁에서 어떻게 이길 수 있는가, 사람들은 왜 토털솔루션을 원하는가 등, 사업의 발전단계마다 마케팅이 어떻게 적용되는지를 잘 보여주는 책이에요. 기업, 마케팅, 창업하는 사람들은 읽으면서 자신의 사업을 미리 시뮬레이션해볼 수 있겠죠. 소설 형식인 데다 두껍지 않아서 몇 시간이면 독파할 수 있을 거예요. 《마케팅 불변의 법칙》(알 리스·잭 트라우트, 비즈니스맵)을 함께 읽으면 좋아요. 마케팅의 기본이 명확하고 간결하게 제시돼 있어요.

Point | 가볍게 소설 읽듯, 사업의 규모가 달라질 때 한두 번 더 읽어보면 좋아요.

26. 디자이너라면 필독

인간을 위한 디자인
빅터 파파넥 지음, 현용순 외 옮김, 미진사

대학원 교수님이 강의 때 추천해주셔서 읽게 됐어요. 디자인은 무엇이고, 디자이너들은 어떤 책임감을 가져야 하는가에 대한 책이에요. 이 책을 읽기 전까지는 디자인이 표면으로 보이는 걸 예쁘게 잘 만드는 것이라고만 생각했어요. 인간을 위한 디자인이라는 개념이 제게는 별로 없었죠. 이 책이 출간된 게 1971년인데《정의론》도 그때 나왔어요. 당시 그런 사회적 분위기도 있었을 거예요.
이 책은 서문이 가장 강력한 포인트인데요.

"모든 것들이 계획되고 디자인되어야 하는 대량생산의 시대에서
디자인은 인간이 도구와 환경(더 나아가 사회와 자아)을 만드는 가장
강력한 도구가 되어왔다. 그렇기 때문에 디자이너에게는 높은 사회적,
도덕적 책임이 요구된다. 또한 디자인을 실행하는 사람들에게는
사람들에 대한 더 깊은 이해가 요구되며 대중에게는 디자인 과정에

"산업 디자인보다 더 유해한 직업들은 존재하지만 그 수는 극소수이다. 어쩌면 이보다 더 위선적인 직업은 단 한 가지일 것이다. 사람들로 하여금 타인들의 환심을 사기 위해 부족한 돈으로 필요하지 않은 물건을 구매하도록 설득하는 광고 디자인이야말로 오늘날 현존하는 직업 중 가장 위선적일 것이다."

대한 더 깊은 통찰이 요구된다."

이제까지 디자이너들이 했던 일들이 어떤 것인지 고민하게 하는 충격이 있어요. 디자인이란 인간에게 주어진 가장 강력한 도구이므로 사회적, 도덕적 책임을 져야 한다는 거죠. 디자이너들이 하는 일을 비판한 대(大) 디자이너예요.

어느 철학자의 말인데, 디자인은 예술이 산업에 준 가장 큰 선물이래요. 산업에 디자인이 없었다면 얼마나 삭막했을까요. 예쁘지도 않고 거칠기만 했겠죠. 그런데 부작용도 있어요. 디자이너들이 자동차를 디자인할 때 유려한 곡선이나 잘빠진 모습을 고민하지, 자동차 때문에 다치는 사람들을 고민하진 않잖아요. 휴대폰도 거의 2~3년에 한 번씩 바꾸도록 '계획적 폐기'라는 관점에서 만든다고 하는데, 이런 것들에 대해 디자이너들은 별로 고민하지 않죠. 이런 내용들을 다루고 있어요.

제 다이어리 앞장에 이 책의 글귀를 매번 붙여놓아요. 한나체를 디자인할 때에도 포스터에 이 책을 인용했어요. 디자이너라면 이러한 고민을 늘 해야 한다는 의미에서요. 마음을 한 번씩 다잡게 해주는 고마운 책이에요. 그런 점에서 디자이너들은 꼭 읽어봤으면 좋겠어요.

Point | **구하기 어렵고 내용이 좀 어렵지만 디자이너라면 서문만이라도 읽어보길 추천해요.**

배달의민족 한나체

인간을
위한
디자인

빅터파파넷 Victor Papanek

산업 디자이너보다 더 유해한 직업들은 존재하지만 그 수는 극소수이다. 어쩌면 이보다 더 위험적인 직업은 단
한 가지일 것이다. 사람들로 하여금 타인들의 환심을 사기 위해 부족한 돈으로 필요하지 않은 물건을 구매하도록
설득하는 광고 디자인이야말로 오늘날 현존하는 직업 중 가장 위험적일 것이다.
산업 디자인은 광고업자들이 호객하는 겉만 번지르르한 쓸모없는 것들과 영합함으로써 두 번째로 위험적인
직업이 되고 있다. 역사상 어느 시기에도 지금처럼 사람들이 자리에 앉아서 진지하게 전기 빗이나 모조 보석을
씌운 구둣주걱, 욕실에 까는 밍크 카펫 등을 디자인하고 이 물건들을 수백만의 사람들에게 팔기 위한 정교한
계획을 구상했던 적은 없었다. 그전에는 만약 어떤 사람이 사람들을 죽이려 한다면 그는 장군이 되거나 석탄
광산을 소유하거나 그렇지 않으면 핵물리학을 공부했어야 했다. 그러나 이제는 산업 디자인이 대량생산을
토대로 살인을 자행하고 있다. 범죄적이라 말 만큼 안전성이 결여된 자동차 디자인이 매년 전 세계적으로 거의
백만에 달하는 사람들을 살해하거나 불구로 만들며, 새로운 종류의 영구적인 쓰레기를 창조하여 환경을 파괴
하며, 또 우리가 숨 쉬는 공기를 오염시키는 재료와 과정을 선택함으로써, 디자이너들은 위험한 부류들이 되어
가고 있다. 그리고 이러한 활동을 하는데 필요한 기술들이 정성스레 젊은이들에게도 전수되고 있다.
모든 것들이 계획되고 디자인되어야 하는 대량생산의 시대에서 디자인은 인간이 도구와 환경(더 나아가 사회와
자아)를 만드는 가장 강력한 도구가 되어왔다. 그렇기 때문에 디자이너에게는 높은 사회적, 도덕적 책임이
요구된다. 또한 디자인을 실행하는 사람들에 대한 더 깊은 이해가 요구되고 대중에게는 디자인 과정에 대한
더 깊은 통찰이 요구된다. 디자이너의 책임에 대한 대중이 이런 방식으로 고려한 디자인에 관한 책은 지금까지
어느 곳에서도 출간된 적이 없다.

우아한형제들 / 배달의민족
ABCDEFGHIJKLMNOPQRSTUVWXYZ
abcdefghijklmnopqrstuvwxyz
0123456789!?"".,/()*~+_=@#%^&

배달의민족 한나체

배달의민족의 키치하고 복스러운 아이덴티티를 축축시킬 새롭은 폰트로, 아크릴 판 위에 시트지를 붙여 잘라낸 1960~70년대 간판을 모티브로 만들어 삐뚤삐뚤 조형성이 떨어지는 듯한 느낌이 특징인 서체입니다.
제작일 2012. 10. 09. / **제작자** 김봉진, 금가현, 데추희, 김민정

woowa bros.

235

27. 디자인은 본질적 가치다

지적
자본론

지적자본론 : 모든 사람이 디자이너가 되는 미래
마스다 무네아키 지음, 이정환 옮김, 민음사

제가 디자이너이니까, 디자이너가 경영한다는 것의 장단점을 묻는 분들이 많은데요. 저희가 다른 회사보다는 직관, 감성, 우뇌적인 생각, 예술적 감각이 발달할 수 있었던 것은 아무래도 제 영향도 있겠죠. 저희 회사에는 굉장히 많이 배우고 똑똑한 분들이 많은데, 디자이너로서 제가 가지고 있는 생각이나 방향을 흥미롭게 봐주세요. 물론 제 생각대로 다 할 수 없는 건 당연하지만, 제가 다른 시각을 던지도록 해주는 건 사실이죠. 기존의 회사나 조직은 디자이너가 의사결정권자와 닿아 있기가 힘든데, 저희 조직은 상대적으로 그렇지 않고 고객들도 재미있어해요.

물론 항상 경계해요. 디자이너로서 내가 가진 생각을 고집하지 않도록, 회사가 잘못되지 않도록. 그 생각을 포스터에 담았어요. 저희는 서체를 개발할 때마다 그 안에 담는 문구를 선정하거든요. 어떤 생각을 갖고 디자인해야 하는가에 대한 철학적 고민을 담은 것들이에요. 첫

"상품의 디자인은
결코 덤에 비유할 수 없는 요소로서
본질에 깊이 뿌리 내린 본질적 가치다."

번째가 《인간을 위한 디자인》이었고, 두 번째가 《디자인 씽킹》이었어요. 디자이너가 정말 디자인을 잘하려면, 대단히 논리적인 사고 위에서 감각을 펼쳐야 해요. 디자인은 순수예술(fine art)이 아니므로 이성과 감성이 다 발달해야 해요.

저희 네 번째 포스터에 인용한 구절은 바로 이 책 《지적자본론》이에요. 츠타야의 마스다 무네아키가 쓴 책이에요. 일본의 라이프스타일을 제안하는 서점 츠타야를 좋아하는 젊은 분들 많죠.

이 책에서는 디자인이 '기획'이라는 개념으로까지 확장돼요. '모든 사람은 디자이너가 되어야 한다'는 게 핵심이죠. 츠타야가 책을 파는 서점에서 어떻게 문화와 라이프스타일을 제안하는 공간이 되었는지, 마스다 무네아키의 철학이 잘 담겨 있어요.

과거에는 디자인이 부가가치였거든요. 영국의 디자인 산업이 발전한 것도 국가를 부흥하기 위해 디자인 진흥정책을 펼쳤기 때문이에요. 동일한 제품을 좀 더 예쁘게 만들면 좀 더 비싸게 팔 수 있다는 부가가치의 개념인 거죠. 그런데 이제는 디자인이 본질적 가치가 되었어요. 최초에 설계하고 기획하는 모든 단계에 디자인이 적용되어야 해요.

이 책은 디자이너들뿐 아니라 경영하는 모든 분들이 꼭 읽어봤으면 좋겠어요. 디자인을 부가가치의 개념으로만 바라보면 회사의 경쟁력이 없어요. 디자인은 본질적 가치이니 무언가를 개발하고 기획하는 첫 단계에서부터 디자이너들이 중요한 역할을 해야 해요.

디자이너들도 인식을 개선해야죠. 예쁘게 꾸미는 걸 넘어 경영의 언어를 배워야 해요. 자기 것을 이야기하는 법을 배워야 하죠. 디자인 경영을 하고 싶어 하는 회사, 디자인을 배우는 학생들, 디자이너들, 많은 분들에게 추천하는 책입니다.

Point ┆ 얇고 읽기 편해요.

28. 인류는 신이 되어간다

사피엔스

사피엔스 : 유인원에서 사이보그까지, 인간 역사의 대담하고 위대한 질문
유발 하라리 지음, 조현욱 옮김, 김영사

인류의 미래에 대해 많은 힌트를 얻을 수 있는 책이에요. 《사피엔스》
는 인간이 10만 년의 진화를 거쳐 불사(不死)의 신이 되어간다고 말
해요. 하지만 모두에게 공평하지는 않아요. 의학이 발달해도 돈 많은
사람들만 구매할 수 있을 테니까요. 인류 역사상 최초로 부의 차이가
생물학적 차이를 만들 수 있다는 주장을 담고 있죠. 그런 문제제기와
함께 인류의 진화를 재미있게 풀어가는 책이에요.

같이 비교해서 읽으면 좋은 책이 **《호모 데우스》(유발 하라리, 김영사)**
와 **《총, 균, 쇠》(재레드 다이아몬드, 문학사상)**예요. 후속작인 《호모
데우스》는 비슷한 맥락으로 풀어가다가 데이터교 이야기를 하죠. 사
람들이 가치판단을 할 때 신(종교)에게 묻다가 르네상스를 기점으로
인본주의로 넘어가서 자신의 내면에 가치판단을 물으라고 하죠.

사실 우리가 사는 지금 이 세상이 완성형인 것 같지만, 진화하는 과
정일 뿐이죠. 일례로, 중세시대에 살던 사람이 본인을 중세시대 사람

이라고 생각했을까요? 지금 우리는 현대를 산다고 생각하지만, 지금이 과연 현대일까요? 중간 과정인 거죠. 우리의 가치판단 프로세스도 이처럼 계속 변화하고, 가치판단의 기준도 인본주의에서 이제는 데이터교로 변화한다는 게《호모 데우스》의 주장이에요.

요즘 회사에서도 의사결정할 때 데이터를 많이 따지잖아요. 저희도 절반은 데이터에서 시작하고, 절반은 직관적으로 판단하고 있고요. 《총, 균, 쇠》와는 앞부분부터 중반까지 상당히 비슷한 전개를 펼치다가 서로 다른 결론으로 나아가는데요. 추론적 사고방식이 어떻게 전개되는지 비교해보는 것도 재미있어요.

《사피엔스》는 미래에 관심 있는 사람들에게는 필독서에 가까운데, 가장 저명한 미래학자로 앨빈 토플러가 있죠. 그는《미래 쇼크》에서 이런 이야기를 했어요.

"우리는 친구라고는 물리법칙밖에 없는 상태로 스스로를 신으로
만들면서 아무에게도 책임을 느끼지 않는다. 그 결과 우리의
친구인 동물들과 주위 생태계를 황폐하게 만든다.
오로지 자신의 안락함과 즐거움 이외에는 추구하는 것이
거의 없지만, 그럼에도 결코 만족하지 못한다.
스스로 무엇을 원하는지도 모르는 채 불만스러워하는 무책임한
신들, 이보다 더 위험한 존재가 또 있을까?"

"학생들에게 역사과목은 가르치면서 왜 미래학 과목은 없는가?
우리가 지금 로마의 사회제도나 봉건시대 장원의 대두를 탐구하듯이
왜 미래의 가능성과 개연성을 체계적으로 탐구하는 과목은 없는가?
…
더욱 중요하게는 어린이가 어른이 되어 부딪히게 될 정치적, 사회적,
심리적, 윤리적 문제의 정글 속을 상상력을 발휘해 탐험해보도록
이끌어줄 수 있기 때문이다."

역사만큼 미래학도 중요하다는 이야기, 공감이 가시나요? 이 책을 읽
고 자녀와 함께 아이가 살아갈 미래에 대해 이야기해보면 좋겠죠.

Point | 두껍지만 글은 재미있어요. 완독한 사람이 많지 않아 완독하면 뿌듯해질 수 있어요.

29. 내가 만약 내년에 죽는다면…

숨결이
바람 될 때

숨결이 바람 될 때 : 서른여섯 젊은 의사의 마지막 순간
폴 칼라니티 지음, 이종인 옮김, 흐름출판

사람이 살면서 늘 던져야 하는 질문 중 하나가, 조금 무겁긴 하지만, 죽음이거든요. 《소크라테스의 변명》에 나온 것처럼 '죽음보다 더 위대한 가치가 무엇인가'를 떠올려보는 관점에서, 죽음에 대해 생각해 보면 좋을 것 같아요.

이 책의 저자는 마침 저랑 나이도 거의 비슷한 1977년생이에요. 그런 사람이 아이 낳고, 의사로 살다가 죽음을 맞게 된 실제 이야기를 자전적 소설로 만든 책이죠. 저랑 동시대를 산 사람의 이야기라 더욱 공감이 가서 읽다가 펑펑 울기도 했어요. 몇백 년 전 위대한 사람의 죽음이 아니라 평범한 의사의 죽음이니까요. 특히 죽음을 예고받고도 아이를 갖고, 죽기 전 아이에게 한 말이 진한 여운을 남기죠.

이 책을 통해 '나는 정말 잘 살고 있나?'를 한 번 더 생각해보며 며칠 동안 그 감정의 선을 붙잡고 있었어요. 어쩌면 〈이반 일리치의 죽음〉의 현대판 실화적 소설이라 할 수 있죠.

"아이에게 해줄 수 있는 말은 단 하나뿐이다.
네가 어떻게 살아왔는지, 무슨 일을 했는지, 세상에
어떤 의미 있는 일을 했는지 설명해야 하는 순간이 온다면,
바라건대 네가 죽어가는 아빠의 나날을
충만한 기쁨으로 채워줬음을 빼놓지 말았으면 좋겠구나."

책 초반에는 문학도였던 유년시절에 읽은 책에 대한 이야기도 많이
나와요. 제목도 좋고, 디자인도 좋아서 가끔 사람들과 삶의 의미에 대
해 이야기할 때 추천해주고 싶은, 제 인생의 책이에요.
수많은 환자들의 죽음을 지켜보면서 현대의학의 문제점을 지적하고
결국 인간다운 죽음이란 무엇인지 써내려간 아툴 가완디의 《**어떻게
죽을 것인가**》(부키)도 함께 읽어보면 좋겠어요.

Point | 작고 가볍지만 감동이 있는 책이에요. 언제 눈물이 날지 모르니 휴지를 준비하고
읽으세요.

30. 정의란 공평한 것인가?

정의론

정의론
존 롤스 지음, 황경식 옮김, 이학사

존 롤스라는 교수가 1971년에 《정의론》이라는 책을 썼어요. 여기서 말하는 '정의'의 개념이 현대 복지체계에 큰 영향을 미쳤죠.

공산주의는 평등한 분배를 강조한 반면, 공리주의는 최대다수의 최대 행복을 강조하여 전체의 합을 더 중요하게 생각했죠.

공산주의 : 10+10+10=30

공리주의 : 5+10+30=45

여러분은 어느 쪽이 더 좋다고 생각하나요? 존 롤스는 여기 가장 작은 5를 받은 사람에게 집중합니다. 가장 적게 받는 사람을 '최소수혜자'라고 불러요. 그 전에는 모든 사람이 동일하게 가져가거나(공산주의), 수혜를 많이 받든 적게 받든 전체의 합이 중요하다(공리주의)는 관점이었어요. 그러다 보니 빈곤한 최소수혜자들에게 문제가 생겼죠. 이들은 한마디로 운이 없는 사람들이에요. 최초의 자산분배는 자연적, 사회적 우연성에 의해 결정되니까요. 우리가 태어나면서 부자로

"사회적, 경제적 불평등은 최소 수혜자에게 최대의 이득이
될 것이라고 기대할 수 있도록, 그리고 공정한 기회균등의
조건 아래 모두에게 개방된 직책과 직위에 귀속될 수
있도록 배정되어야 한다."

태어날지 가난하게 태어날지, 장애가 있을지 없을지는 선택할 수가 없
잖아요. 그런데 장애나 질병을 가지고 태어나거나 결손가정에서 자란
다면 아무래도 가난하게 살 확률이 커지잖아요. 이럴 때 차등적인 정
책을 펼쳐 이들이 기본적인 삶을 살 수 있도록 하자는 사상이에요.
평등이란 가치가 어떤 상황에서는 차등이란 가치와 병행되어야 한다
는 점에서 저는 많은 교훈을 얻었어요.
저희 회사에서는 아이를 키우는 부모에게 좀 더 많은 수혜가 가도록
복지정책을 만들었어요. 출산휴가를 길게 주거나 입학식, 졸업식, 재
롱잔치 같은 날 특별휴가를 주는 형식으로요. 물론 보편적이고 기본
적인 복지정책은 모두에게 동일하게 적용하고요. 가끔 비혼 구성원들
이 불평등하다고 불만을 갖기도 하는데, 그럴 때 저는 대놓고 "복지는
차별적이어야 한다"고 말해요. 모든 사람에게 똑같이 나눠주는 것이
복지가 아니고 어려움이 많은 사람들에게 좀 더 혜택이 돌아가야 하

는 것이라고요. 보편적 복지 위에 차등적 복지를 하는 것이 맞지 않을까 하고요.

그 근거가 존 롤스의 책《정의론》이에요. 물론 이런 문제는 정답이 없지만, '공평한 게 정말 좋은 것인가?'에 대한 질문을 해볼 수 있는 책이에요. 정의란 어떤 것인가를 질문해볼 수도 있고요. 아리스토텔레스에 따르면 '정의란 같은 것은 같게, 다른 것은 다르게 대우하는 것'이라고 해요. 정의라는 게 무엇인지, 올바름에 대해 한 번쯤 고민해본 사람들, 마이클 센델 교수의 《정의란 무엇인가》(김영사)를 재미있게 읽은 분들에게 권하는 책이에요. '최소수혜자' 외에 '무지의 베일'도 중요한 키워드이니 함께 공부해보시면 좋을 것 같아요.

Point | **두껍고 읽기 무척 어려워요. 수행하는 마음으로 읽어보세요.**

나중에 온
이 사람에게도

나중에 온 이 사람에게도 : 생명의 경제학
존 러스킨 지음, 곽계일 옮김, 아인북스

《간디 자서전》을 읽다 알게 된 책이에요. 간디는 자신의 인생에 가장 영향력을 크게 미쳤던 책이라고 꼽기도 했죠.

이쯤 되면 무척 궁금할 텐데요. 성경에 나오는 포도밭 농장의 이야기로 시작돼요. 농장주인이 아침에 시장에 나갔더니 일거리를 찾지 못한 불쌍한 사람이 있더래요. 그래서 우리 농장에서 일하면 1데날리온을 주겠다고 했어요. 농장주인이 점심쯤 다시 시장을 지나가는데 또 일거리를 찾는 사람을 발견하고는 똑같은 제안을 합니다. 그러고는 오후 느지막이 또다시 시장에서 일거리를 찾지 못해 하루 생계를 걱정하는 사람을 만나요. 그래서 어쨌게요? 네, 또 똑같은 제안을 했어요. 농장 일을 도와주면 1데날리온을 주겠다고.

해가 지고 농장주인은 세 명을 불러 각각 1데날리온씩 주죠.

뭔가 이상하죠. 그래서 아침에 온 사람이 농장주인에게 따져요. 왜 나는 아침부터 일했는데 저녁에 온 저 사람과 일당이 같으냐고요.

주인은 말해요. 나중에 온 사람도 동일하게 챙겨줘야 한다고.

어떤가요? 우리에게 익숙한 경제적 가치관과는 많이 다르죠. 일을 많이 한 사람에게 더 많은 부가 돌아가야 할 텐데 왜 똑같이 나누는 것일까요? 저자는 우리의 두 가지 통념을 다시 돌아보게 해요.

첫째, 노동자들이 언제 농장주인을 만났는지는 순전히 우연에 의한 것이에요. 우리가 '운'이라 부르는 것 때문에 부가 불평등해져서는 안 된다는 것이 저자의 생각이에요.

둘째, 받는 사람들이 서로 상대평가를 한다는 거예요. 우리도 늘 서로 비교하잖아요. 나보다 별로인 동료가 나보다 더 높은 연봉을 받는 게 이해가 안 되는 거예요. 분명 본인이 동의한 연봉일 텐데요.

내 몫을 넘어선 것까지 욕심을 부리지 말아야 한다는 거예요. 다른 이들을 위해서도 남겨둬야 한다는 거죠.

물론 존 러스킨의 시각만 100% 맞다고 하기는 어려워요. 그럼에도 세

"사람이라는 동력기관은 특별하여 보수나 외압이나 다른 어떤
종류의 연료의 힘으로 최대의 노동량을 산출하도록 만들어지지
않았다.

오직 이 기관의 고유 연료인 '애정'이 기관에 공급되어 폭발할 때,
그 동력인 의지와 정신을 최고의 상태로 고취시켜 최대의
노동량을 산출하도록 만들어졌다."

상을 바라보는 또 하나의 시각을 얻은 것만으로도 아주 유익한 책이
라고 생각해요. 저희 회사에 구성원 복지를 전담하는 '피플팀'이 있는
데요. 이 팀을 만드는 데 이 책이 큰 영감을 주었어요. 당근과 채찍, 외
압과 보수, 인센티브와 벌칙 등으로 구성원을 압박해서가 아니라, 관
심을 통해서도 성과를 이뤄나갈 수 있겠다는 생각이 들었던 거죠.
존 러스킨은 산업화와 자본주의로 넘어가던 시대를 살았어요. 새로
운 기업가정신 덕분에 물질적으로 풍요로워진 반면, 부르주아라는 신
흥세력의 탐욕 때문에 많은 노동자들이 농사 짓던 과거보다 못한, 최
악의 삶을 살아야 했던 시대이기도 했죠.
존 러스킨은 그 시대에 무엇을 보았을까요.
지금은 그 시대보다 좀 더 나아졌을까요.

Point │ **두껍지는 않지만 읽기는 어려워요. 그래도 용기를 갖고 도전해보세요.**

에필로그

잘 살기 위해 필요한 지혜, 강인한 겸손

머리말에 '책을 읽으면 잘 살 수 있나요?'란 질문을 통해 책읽기에
대한 의미를 살펴봤는데요.
전 책을 읽는다고 해서 다 잘 살 수는 없지만
그래도 삶을 살아가면서 해야 하는 수많은 크고 작은 결정들을
조금 더 나은 방향으로 해나갈 수는 있다고 말씀드렸어요.
큰 운명 자체를 바꾸기는 힘들지만 그래도 정해진 운명보다는
조금 더 나은 삶을 사는 지혜를 키울 수 있겠죠.
우리는 이것을 '삶의 지혜'라고도 하죠.
소크라테스는 지혜 중의 지혜, 궁극의 지혜는 자신의 무지를 깨닫는
'무지의 지'라고 했어요. 공자도 같은 맥락에서
"아는 것을 안다고 하고, 모르는 것을 모른다고 하는 것이
진정 아는 것이다"라고 했죠.

책은 이런 것을 알려줘요. 아무리 감명 깊게 책을 읽어도 다 기억할
수 없고, 아무리 많은 책을 읽어도 세상의 모든 책을 다 읽을 수는
없겠죠. 이것을 깨달으면 겸손해져요.

세상을 잘 살아갈 수 있는 가장 큰 지혜 중 하나가
'겸손'이라고 생각해요.

겸손함은 생각의 경직이 아닌 유연함을 가져다줘요.

위대한 현인들도 어떤 부분에서는 오류가 있었고,

내가 가지고 있는 생각도 오류가 없을 수는 없다는 걸 알게 하죠.

강인함과 겸손이라는 말이 어울릴까요?

겸손에 대해 마키아벨리가 이런 말을 했어요.

"약한 자가 자신을 높이는 것은 허풍이고,

약한 자가 자신을 낮추는 것은 비굴이며,

강한 자가 자신을 높이는 것은 거만이고,

강한 자가 자신을 낮추는 것이 겸손이다."

겸손함이란 강한 자의 특권이라는 거죠.

생각의 강함이란 책읽기를 통해 쌓인 '생각의 근육'이 늘어나야

가능한 것이 아닐까요. 수많은 정보들이 넘쳐나는 시대에

생각의 근육이 약한 사람은 누군가의 생각을 비판 없이 받아들이고

자신의 삶이 아닌 타인이 제시해주는 생각대로 살게 되는

약한 자의 비굴한 삶을 살게 될지도 모르죠.

한 인간이 정말 잘 살았다는 것은 돈을 많이 벌거나

명예를 크게 얻은 것이 아니라

자신만의 삶을 스스로 결정하고 자기다운 삶을 살아가는 것이겠죠.

이것이 진정 자유로운 삶이에요.

생각의 근육을 키워야만 진정 자유로운

자신만의 삶을 살아갈 힘을 갖게 돼요.

부족하지만 그래도 썼습니다.

책읽기에 관해 책을 쓰고 있지만, 세상의 책을 얼마나 많이 읽고서 이런 책을 쓰느냐고 묻는다면 저 또한
먼지만큼밖에 읽지 못함에 부끄러움이 있어요.
하지만 그럼에도 많은 사람들이 책을 읽고 삶의 지혜를 얻어나가면 좋겠다는 바람으로 글을 써나갔어요.
책읽기에 관한 저만의 생각에 공감 가는 부분도 있었을 테고,
저런 방식은 위험하다고 이야기하시는 분들도 있을 거예요.
저는 제 방식이 다 맞다고 생각하지 않아요.
특히 아이에게 한 독서훈련법은 모든 아이에게 맞지는 않을 테고,
오히려 어떤 아이에게는 스트레스만 주어
책과 멀어지게 할 수도 있겠죠.
다만 여러 방법들에 대해 같이 이야기해볼 수 있다면
그것으로 만족합니다. 아울러 부록에 담은 책 소개를 계기로
즐거운 독서여행을 떠나보시길 바라고요.

마지막으로 아래의 경구를 나누고 싶어요.
잊지 마세요. 여러분의 지혜의 여행이 아무리 멀리까지 가고,
깊이 파고든다 해도 아주 작은 부분임을, 생각의 근육을 통해
강인한 겸손함을 배워나가시길.
그리고 이를 통해 진정 자기다운 자유로운 삶을
살아가시길 바랍니다.

"우리가 알고 있는 것 중
가장 큰 것이
우리가 모르고 있는 것 중
가장 작은 것보다 작다."
-존 스튜어트 밀